# 초등 영문법

4번 쓰다 보면 문법이 보인다

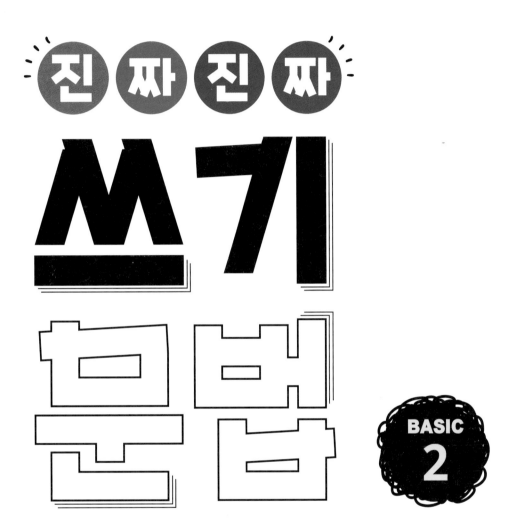

진 짜 진 짜

쓰기

문법

BASIC 2

siso study

### 지은이 한동오

제7차 영어 교과서 개발에 참여한 바 있으며, 영어 교육 과정과 학교 시험에 정통해 있는 영어 교육 전문가입니다.
KD강남대치영어학원 원장을 역임하였고, 치열한 영어 학원가에서도 잘 가르치는 선생님으로 소문난 명강사입니다.
미국 예일대학교 디베이트 협회(YDSL)와 ASFL 영어 디베이트 협회가 연계한 Coach 및 Judge자격을 가지고 있으며,
영어 디베이트 대회 심사위원으로 활동하였습니다.

《기적의 파닉스》 외에 여러 권의 영어 분야 베스트셀러를 집필하였고, 그동안 개발한 교재는 국내뿐만 아니라 미주 지역, 대만, 태국 등지에서
사용되어 왔으며, 캐나다 교육청(Fraser Cascade School Board)으로부터 프로그램 교류에 대한 감사장을 받았습니다. 또한 영어 학습법 분야에서
여러 개의 발명 특허를 획득하였으며 대한민국 발명가 대상, 캐나다 토론토 국제 선진기술협회장상, 말레이시아 발명 협회 MINDS 특별상,
국제지식재산권 교류회장상, 국제 CIGF 금상 등을 수상하였습니다. 학습법 발명 및 공로로 대한민국 교육 분야 신지식인으로 공식 선정되었습니다.
저서로는 《진짜 진짜 알파벳》, 《진짜 진짜 파닉스》, 《진짜 진짜 사이트 워드》, 《기적의 파닉스》, 《중학 필수 영단어 무작정 따라하기》,
《바쁜 3·4학년을 위한 빠른 영단어》, 《중학영어 듣기 모의고사》 등 다수가 있습니다.

### 그린이 정현수

대학에서 국어교육을 전공한 후에 그림이 좋아 M-Visual School에서 그림을 배웠습니다. 현재 프리랜서 일러스트레이터로 즐겁게 그림을 그리고 있습니다.
주로 [한화], [안전보건공단], [서울삼성병원] 등 다수의 간행물을 작업하였으나 현재는 어린이 그림책으로 점점 범위를 넓히고 있습니다.

어린이 책으로는 잉글리시 에그의 《Simple Simon》, 크래들의 《마법의 유치원 화장실》 등을 작업하였으며 더 빨리 부지런히 걸어
많은 어린이들과 만나고자 합니다. 이번에 시소스터디와의 새로운 인연으로 경험하지 못했던 학습물에 도전, 《진짜 진짜 알파벳》에 이어
《초등 영문법 진짜 진짜 쓰기 문법》도 함께 하게 되었습니다. 코로나로 힘들었던 대구의 그 봄날에 '어린이 친구들이 명작동화를 통해
재미있게 영어 문법을 공부할 수 있었으면 좋겠다'라는 생각을 하며 작업하였습니다.

초판발행 2021년 3월 22일

**지은이** 한동오
**그린이** 정현수
**엮은이** 진혜정, 송지은, 김한나
**기획** 한동오
**펴낸이** 엄태상
**영문감수** Kirsten March
**디자인** 권진희, 진지화
**마케팅 본부** 이승욱, 전한나, 왕성석, 노원준, 조인선, 조성민
**경영기획** 마정인, 최성훈, 정다운, 김다미, 오희연
**제작** 조성근
**물류** 정종진, 윤덕현, 양희은, 신승진
**펴낸곳** 시소스터디
**주소** 서울시 종로구 자하문로 300 시사빌딩
**주문 및 문의** 1588-1582
**팩스** 02-3671-0510
**홈페이지** www.sisabooks.com/siso
**이메일** sisostudy@sisadream.com
**등록번호** 제2019-000149호
**ISBN** 979-11-91244-11-3 64740

# 머리말

이 책은 누구나 쉽고 재미있게 학습하도록 구성되어 있습니다. 아울러 학습 효과를 극대화하기 위해서 4단계 쓰기 학습법을 적용하였습니다. 앞에서 배운 내용을 손으로 기억하고 자동적으로 응용할 수 있도록 설계한 특별한 방법입니다. 4단계 쓰기 학습법이란 아래와 같이 네 번 쓰는 것을 말합니다.

## 1 골라 쓰기(Choice Based Learning)

문제의 맥락과 배경을 이해하도록 도와줍니다. 그래서 문제를 막연하게 느끼지 않고 수월하게 접근할 수 있습니다. 대부분 쉽게 고를 수 있기 때문에 학습 의욕 또한 높여줍니다.

## 2 비교 쓰기(Comparison Learning)

하버드 대학교의 연구 결과에 따르면, 상호 비교를 하면서 문제에 접근하게 되면 추정 능력, 즉 정답에 대한 예측 능력을 향상시킬 수 있습니다.

## 3 채워 쓰기(Complement Learning)

비어 있는 부분을 채우기 위해 노력을 기울이기 때문에 기억력 향상에 크나큰 도움을 줍니다. 뇌과학자들은 이것을 생성 효과라고 부릅니다.

## 4 고쳐 쓰기(Rewriting Learning)

학습한 내용을 종합적으로 정리할 수 있습니다. 자신이 아는 것과 모르는 것을 깨닫게 되고, 스스로 문제점을 알게 되어 해결책을 찾아냅니다. 인지심리학에서 말하는 메타인지능력을 높이는 과정이며 최대의 학습 효과를 얻을 수 있습니다.

이 책을 활용하는 방법을 간단히 소개해 보겠습니다.

그림, 설명, 네 번 쓰기를 기억하세요!

❶ 그림으로 보는 학습 미리보기와 세계 명작의 한 장면을 잘 보고 퀴즈를 풀어보세요.

❷ 문법 개념 설명을 확인하면서 빈칸을 채우고 퀴즈를 풀어보세요.

❸ 4단계 쓰기 문제가 나오면 이제 네 번 쓰기를 열심히 연습하세요.

위의 방법대로 차근차근 공부해 나가면 어느새 영문법이 재미있어질 것입니다.

이 책이 여러분의 영어 실력에 도움이 되어서 '진짜 진짜 좋은 교재'가 되기를 저자로서 진심으로 바랍니다.

한 동 오

# 구성 및 활용법

세계 명작으로 만나는 진짜 **살아있는** 영문법

4단계 쓰기 학습법으로 문장 쓰기 실력이 향상되고,

영어에 대한 자신감이 생겨요!

## 1 학습 미리보기

본격적인 학습에 앞서
해당 Chapter에서 배울
문법 내용을 그림으로
한눈에 확인할 수 있어요.

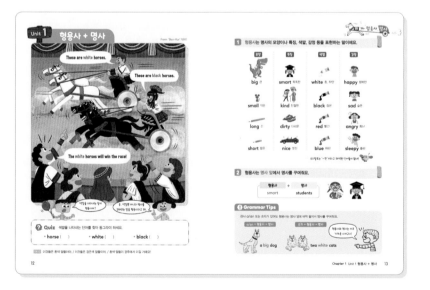

## 2 세계 명작과 문법 연계

세계 명작 동화의 한 장면이
문법에 대한 흥미를 이끌어주어
쉽고 재미있게 이해할 수 있어요.
개념 설명을 읽으면서 빈칸을 채우고
퀴즈를 풀어보며 학습 내용을
바로바로 확인해요.

# 3 4단계 쓰기 훈련

매일 4단계 쓰기 학습법으로 문법 개념을 깨치고 익힐 수 있어요. 골라 쓰고, 비교 쓰며, 채워 쓰고,
고쳐 써보면 어느새 문법이 쉬워져요. 기초를 탄탄하게 다지는 학습법으로 쓰기를 완성하세요!

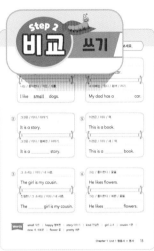

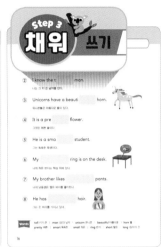

# 4 문법 최종 정리

한눈에 보기 쉽게 정리한 Review는
핵심 문법 규칙을 다시 한번
복습할 수 있도록 도와줘요.
한 Chapter가 끝나면 Test를
통해 문제를 풀어 보며
문법 실력을 키울 수 있어요.

# Workbook

매 Unit을 공부한 후 워크북으로 연습해요.
워크북의 Chapter Wrap Up으로
마무리하며 학습 내용을 종합적으로
점검할 수 있어요.

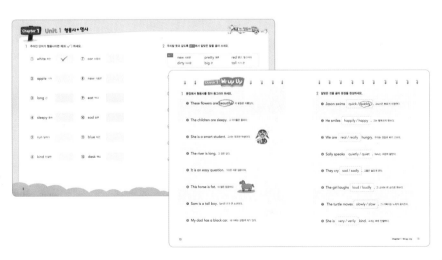

# 차례

# Chapter 3 동사의 과거형

# Chapter 4 여러 가지 문장

## 부록 − Workbook / 정답과 해설

# BASIC 1 미리보기

# 20일 완성 학습 플랜

하루에 한 개 Unit을 학습하고 워크북으로 정리해요

 쉬워요　 괜찮아요　 어려워요

| | | 학습 분량 | 학습 날짜 | 나의 학습 기록 |
|---|---|---|---|---|
| 1일차 | Chapter 1 | Unit 1 / 워크북 | _____월 _____일 | 😄 😐 😣 |
| 2일차 | | Unit 2 / 워크북 | _____월 _____일 | 😄 😐 😣 |
| 3일차 | | Unit 3 / 워크북 | _____월 _____일 | 😄 😐 😣 |
| 4일차 | | Unit 4 / 워크북 | _____월 _____일 | 😄 😐 😣 |
| 5일차 | | Test / 워크북 Wrap Up | _____월 _____일 | 😄 😐 😣 |
| 6일차 | Chapter 2 | Unit 1 / 워크북 | _____월 _____일 | 😄 😐 😣 |
| 7일차 | | Unit 2 / 워크북 | _____월 _____일 | 😄 😐 😣 |
| 8일차 | | Unit 3 / 워크북 | _____월 _____일 | 😄 😐 😣 |
| 9일차 | | Unit 4 / 워크북 | _____월 _____일 | 😄 😐 😣 |
| 10일차 | | Test / 워크북 Wrap Up | _____월 _____일 | 😄 😐 😣 |
| 11일차 | Chapter 3 | Unit 1 / 워크북 | _____월 _____일 | 😄 😐 😣 |
| 12일차 | | Unit 2 / 워크북 | _____월 _____일 | 😄 😐 😣 |
| 13일차 | | Unit 3 / 워크북 | _____월 _____일 | 😄 😐 😣 |
| 14일차 | | Unit 4 / 워크북 | _____월 _____일 | 😄 😐 😣 |
| 15일차 | | Test / 워크북 Wrap Up | _____월 _____일 | 😄 😐 😣 |
| 16일차 | Chapter 4 | Unit 1 / 워크북 | _____월 _____일 | 😄 😐 😣 |
| 17일차 | | Unit 2 / 워크북 | _____월 _____일 | 😄 😐 😣 |
| 18일차 | | Unit 3 / 워크북 | _____월 _____일 | 😄 😐 😣 |
| 19일차 | | Unit 4 / 워크북 | _____월 _____일 | 😄 😐 😣 |
| 20일차 | | Test / 워크북 Wrap Up | _____월 _____일 | 😄 😐 😣 |

# Chapter 1

# 형용사, 부사, 전치사

## 형용사 – 명사를 꾸며주고 자세히 설명해 주는 말

### 명사를 꾸며주는 형용사

a long pencil

a short pencil

### 주어를 설명하는 형용사

I am pretty.

## 부사 – 움직임이나 상태를 자세히 설명해 주는 말

She sings.
그녀는 노래한다.

→

She sings loudly.
그녀는 큰 소리로 노래한다.

## 전치사 – 시간이나 위치를 나타내는 말

### 시간

at 3

on Sunday

in spring

### 위치

on the house

in the house

under the house

# 형용사 + 명사

From 'Ben-Hur' (벤허)

> **❓ Quiz** 색깔을 나타내는 단어를 찾아 동그라미 하세요.
>
> • horse (     )　　• white (     )　　• black (     )

해석 이것들은 흰색 말들이야. / 이것들은 검은색 말들이야. / 흰색 말들이 경주에서 이길 거예요!

**1** 형용사는 명사의 모양이나 특징, 색깔, 감정 등을 표현하는 말이에요.

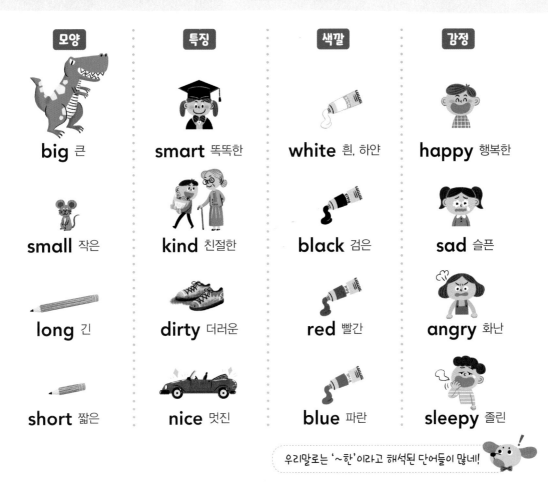

| 모양 | 특징 | 색깔 | 감정 |
|---|---|---|---|
| big 큰 | smart 똑똑한 | white 흰, 하얀 | happy 행복한 |
| small 작은 | kind 친절한 | black 검은 | sad 슬픈 |
| long 긴 | dirty 더러운 | red 빨간 | angry 화난 |
| short 짧은 | nice 멋진 | blue 파란 | sleepy 졸린 |

우리말로는 '~한'이라고 해석된 단어들이 많네!

**2** 형용사는 명사 앞에서 명사를 꾸며줘요.

| 형용사 | + | 명사 |
|---|---|---|
| smart | | students |

**❗ Grammar Tips**

관사 a/an 또는 숫자가 있어도 형용사는 명사 앞에 바짝 붙어서 명사를 꾸며줘요.

a/an + 형용사 + 명사

숫자 + 형용사 + 명사

형용사와 명사는 아주 가까운 사이구나!

a big dog

two white cats

① **My dad is a (tall) man.**
내 아빠는 키가 큰 남자다. →
**tall**

② **A black bag is on the desk.**
검은색 가방이 책상 위에 있다. →

③ **She has a pretty smile.**
그녀는 예쁜 미소를 가지고 있다. →

④ **It is my smart dog.**
그것은 나의 똑똑한 개다. →

⑤ **I like red apples.**
나는 빨간 사과를 좋아한다. →

⑥ **I have short hair.**
나는 짧은 머리를 가지고 있다. →

⑦ **He is a nice guy.**
그는 멋진 남자다. →

⑧ **It is an easy question.**
그것은 쉬운 질문이다. →

**잠깐만요!**

▶ 형용사 뒤에 복수 명사가 올 때, 형용사 앞에서 관사 a 또는 an을 쓸 수 없어요.
ⓧ red apples 빨간 사과들        ⓧ angry teachers 화난 선생님들

**Words** tall 키가 큰 | on the desk 책상 위에 | smile 미소 | smart 똑똑한 | short 짧은 |
hair 머리카락 | guy 남자 | easy 쉬운 | question 질문

① 나는 / 좋아한다 / 개를.

I like dogs.

나는 / 좋아한다 / 작은 / 개를.

I like __small__ dogs.

④ 내 아빠는 / 있다 / 차가.

My dad has a car.

내 아빠는 / 있다 / 흰색 / 차가.

My dad has a _____ car.

② 그것은 / 이다 / 이야기.

It is a story.

그것은 / 이다 / 행복한 / 이야기.

It is a _____ story.

⑤ 이것은 / 이다 / 책.

This is a book.

이것은 / 이다 / 새 / 책.

This is a _____ book.

③ 그 소녀는 / 이다 / 내 사촌.

The girl is my cousin.

친절한 / 그 소녀는 / 이다 / 내 사촌.

The _____ girl is my cousin.

⑥ 그는 / 좋아한다 / 꽃을.

He likes flowers.

그는 / 좋아한다 / 예쁜 / 꽃을.

He likes _____ flowers.

**Words** small 작은 | happy 행복한 | story 이야기 | kind 친절한 | girl 소녀 | cousin 사촌 | new 새, 새로운 | flower 꽃 | pretty 예쁜

① She likes her r **ed** bag.

그녀는 그녀의 빨간색 가방을 좋아한다.

② I know the t       man.

나는 그 키 큰 남자를 안다.

③ Unicorns have a beauti       horn.

유니콘들은 아름다운 뿔이 있다.

④ It is a pre       flower.

그것은 예쁜 꽃이다.

⑤ He is a sma       student.

그는 똑똑한 학생이다.

⑥ My       ring is on the desk.

나의 작은 반지는 책상 위에 있다.

⑦ My brother likes       pants.

나의 남동생은 짧은 바지를 좋아한다.

⑧ He has       hair.

그는 긴 머리를 가지고 있다.

**Words** **tall** 키가 큰 | **man** (성인) 남자 | **unicorn** 유니콘 | **beautiful** 아름다운 | **horn** 뿔 |
**pretty** 예쁜 | **smart** 똑똑한 | **small** 작은 | **ring** 반지 | **short** 짧은 | **long** (길이가) 긴

① They have <u>shoes dirty</u>.   그들은 더러운 신발을 가지고 있다.

→ They have dirty shoes.

② The <u>singer pretty</u> is my friend.   그 예쁜 가수는 내 친구이다.

→

③ He is <u>kind a</u> boy.   그는 친절한 소년이다.

→

④ This is a <u>watch black</u>.   이것은 검정색 시계다.

→

⑤ <u>Small two</u> cats are on the sofa.   작은 고양이 두 마리가 소파 위에 있다.

→

⑥ They are <u>questions easy</u>.   그것들은 쉬운 질문들이다.

→

⑦ The <u>man tall</u> is my dad.   그 키 큰 남자는 내 아빠다.

→

⑧ I have <u>blue two</u> books.   나는 파란색 책 두 권이 있다.

→

**Words**   dirty 더러운 | singer 가수 | kind 친절한 | on the sofa 소파 위에 | easy 쉬운 | question 질문 | tall 키가 큰 | blue 파란

# be동사 + 형용사

From 'The Hunchback Of Notre-Dame'
(노트르담의 꼽추)

> **Quiz** 밧줄로 꽁꽁 묶인 콰지모도의 상태를 설명해 주는 형용사에 동그라미 하세요.

해석 목이 말라요! / 자. 여기 물 좀 마셔요. / 그녀는 친절하군요.

**1** 형용사는 be동사 뒤에서 주어를 더 자세히 설명해 줘요.

| | be동사 | + | 형용사 | |
|---|---|---|---|---|
| I | am | | pretty. | 나는 예쁘다. |
| They | _____ | | fat. | 그들은 뚱뚱하다. |
| The cat | is | | small. | 그 고양이는 작다. |

**Quiz** 위의 빈칸을 채워 보세요.

**2** 형용사가 주어를 어떻게 설명하는지 알아보아요.

**Peter is** happy. Peter는 행복하다.

**Peter is** smart. Peter는 똑똑하다.

**Peter is** tall. Peter는 키가 크다.

나는 Peter야.
happy, smart, tall
모두 주어인 나를
설명하는 형용사들이지!

**🔔 Grammar Tips**

⟨형용사 + 명사⟩와 ⟨be동사 + 형용사⟩를 다시 한번 비교해 보아요.

● a/an + 형용사 + 명사

**It is a** happy **dog.**

> 명사 앞에서
> 명사를 꾸며주는 형용사

● be동사 + 형용사

**The dog is** happy.

> be동사 뒤에서
> 주어를 설명하는 형용사

① My teacher is (kind).
나의 선생님은 친절하시다.
➡ kind

② The dog is white.
그 개는 하얗다.
➡

③ The river is long.
그 강은 길다.
➡

④ The babies are cute.
그 아기들은 귀엽다.
➡

⑤ My mom is young.
나의 엄마는 젊으시다.
➡

⑥ The musician is handsome.
그 음악가는 잘생겼다.
➡

⑦ These are nice sunglasses.
이것들은 멋진 선글라스다.
➡

⑧ This book is fun.
이 책은 재미있다.
➡

**Words** river 강 | cute 귀여운 | young 어린, 젊은 | musician 음악가 | handsome 잘생긴 | sunglasses 선글라스 | fun 재미있는

① 그는 / 이다 / 친절한 / 의사.

He is a kind doctor.

그 의사는 / 이다 / 친절한.

The doctor is ___kind___.

④ 그는 / 이다 / 부유한 / 남자.

He is a rich man.

그 남자는 / 이다 / 부유한.

The man is _____.

② 그것은 / 이다 / 큰 / 집.

It is a big house.

그 집은 / 이다 / 큰.

The house is _____.

⑤ 그녀는 / 이다 / 키가 큰 / 소녀.

She is a tall girl.

그 소녀는 / 이다 / 키가 큰.

The girl is _____.

③ 그들은 / 이다 / 예의 바른 / 소년들.

They are polite boys.

그 소년들은 / 이다 / 예의 바른.

The boys are _____.

⑥ 그것은 / 이다 / 귀여운 / 강아지.

It is a cute puppy.

그 강아지는 / 이다 / 귀여운.

The puppy is _____.

**Words**  kind 친절한  |  house 집  |  boy 소년  |  polite 예의 바른  |  rich 부유한  |  girl 소녀  |
cute 귀여운  |  puppy 강아지

① The children are sl ee py. 그 아이들은 졸리다.

② Her hair is bla . 그녀의 머리는 검은색이다.

③ His nose is . 그의 코는 크다.

④ This flower is beaut . 이 꽃은 아름답다.

⑤ The girl is pol . 그 소녀는 예의 바르다.

⑥ My cousins are . 나의 사촌들은 행복하다.

⑦ The doctor is . 그 의사는 젊다.

⑧ The teacher is . 그 선생님은 화가 나셨다.

**Words** **sleepy** 졸린 | **hair** 머리카락 | **nose** 코 | **flower** 꽃 | **polite** 예의 바른 | **cousin** 사촌 | **young** 어린, 젊은 | **angry** 화난

① The books <u>new are</u>. 그 책들은 새것들이다.

→ **The books are new.**

② The musicians are <u>a handsome</u>. 그 음악가들은 잘생겼다.

→

③ My brother <u>tall is</u>. 나의 형은 키가 크다.

→

④ She <u>am</u> sleepy. 그녀는 졸리다.

→

⑤ My dad's car <u>white is</u>. 나의 아빠의 차는 흰색이다.

→

⑥ This dog <u>are</u> fat. 이 개는 뚱뚱하다.

→

⑦ The actress <u>popular is</u>. 그 여배우는 인기가 있다.

→

⑧ They <u>is</u> happy. 그들은 행복하다.

→

**Words**   new 새, 새로운 | musician 음악가 | white 흰, 흰색의 | fat 뚱뚱한 | actress 여배우 |
popular 인기 있는 | happy 행복한

**Quiz** 위 그림에서 -ly로 끝나는 단어를 찾아 동그라미 하세요.

해석 빨리 움직여! / 와우! 정말 크다! / 매우 위험해요!

**1** 부사는 동사와 형용사, 그리고 다른 부사를 꾸며주는 말이에요.

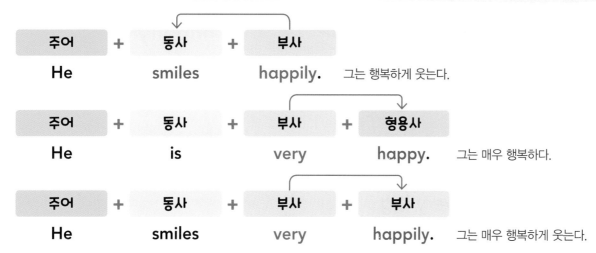

| 주어 | + | 동사 | + | 부사 |
|---|---|---|---|---|
| He | | smiles | | happily. |

그는 행복하게 웃는다.

| 주어 | + | 동사 | + | 부사 | + | 형용사 |
|---|---|---|---|---|---|---|
| He | | is | | very | | happy. |

그는 매우 행복하다.

| 주어 | + | 동사 | + | 부사 | + | 부사 |
|---|---|---|---|---|---|---|
| He | | smiles | | very | | happily. |

그는 매우 행복하게 웃는다.

**2** 부사는 형용사에 **-ly**를 붙여서 만들어요.

대부분의 형용사 뒤에 -ly를 붙이면 돼.

형용사 **+ ly**

kind 친절한 ➔ kind**ly** 친절하게

quick 빠른 ➔ quick_____ 빠르게

<자음+y>로 끝나는 형용사는 y를 i로 바꾸고 -ly를 붙여.

**y** + **ly** → **i**

happy 행복한 ➔ happ**ily** 행복하게

easy 쉬운 ➔ eas_____ 쉽게

**❓ Quiz** 위의 빈칸을 채워 보세요.

**3** 원래 부사인 단어들도 있어요.

**very** 매우, 정말   She is very tall. 그녀는 매우 키가 크다.

**too** 너무   The pants are too big. 그 바지는 너무 크다.

**❗ Grammar Tips**

형용사는 명사를 꾸며주는 말이었지요? 부사는 명사를 제외한 동사, 형용사, 그리고 부사까지 꾸며준다고 기억하면 쉬워요. 형용사가 우리말로 '~한'으로 해석된 단어들이 많았다면, 부사는 '~하게'로 해석되는 단어들이 많아요. 하지만 모든 단어가 그런 것은 아니니 조심해야 해요!

① She always smiles (happily).

그녀는 항상 행복하게 웃는다.

➡  happily

② The car moves quickly.

그 차는 빠르게 움직인다.

➡

③ The ball is very big.

그 공은 매우 크다.

➡

④ He helps me kindly.

그는 친절하게 나를 도와준다.

➡

⑤ She sings loudly.

그녀는 큰 소리로 노래한다.

➡

⑥ It is too small for me.

그것은 나에게 너무 작다.

➡

⑦ The babies cry sadly.

그 아기들은 슬프게 운다.

➡

⑧ I am really hungry.

나는 정말 배가 고프다.

➡

**Words** smile 웃다, 미소 짓다 | move 움직이다 | help 돕다 | loudly 크게, 큰 소리로 | sadly 슬프게 | really 정말 | hungry 배고픈

① 나는 / 이다 / 느린.

I am slow.

나는 / 걷는다 / 느리게.

I walk __slowly__ .

④ 그 가방은 / 이다 / 큰.

The bag is big.

그 가방은 / 이다 / 매우 / 큰.

The bag is _____ big.

② 그 아기들은 / 이다 / 슬픈.

The babies are sad.

그 아기들은 / 운다 / 슬프게.

The babies cry _____ .

⑤ 그들은 / 이다 / 행복한.

They are happy.

그들은 / 산다 / 행복하게.

They live _____ .

③ 그녀는 / 이다 / 친절한.

She is kind.

그녀는 / 도와준다 / 나를 / 친절하게.

She helps me _____ .

⑥ 그 소년들은 / 이다 / 빠른.

The boys are quick.

그 소년들은 / 수영한다 / 빠르게.

The boys swim _____ .

**Words**   walk 걷다 | slowly 느리게 | cry 울다 | kind 친절한 | help 돕다 | live 살다 |
quick 빠른 | swim 수영하다

① He smiles happ  ily  . 그는 행복하게 웃는다.

② She speaks quiet          . 그녀는 조용히 말한다.

③ Jason swims quick          . Jason은 빠르게 수영한다.

④ He solves the problem eas          . 그는 그 문제를 쉽게 푼다.

⑤ They talk Spanish          . 그들은 스페인어를 느리게 말한다.

⑥ We are          happy. 우리는 매우 행복하다.

⑦ These shoes are          big. 이 신발은 너무 크다.

⑧ I laugh          . 나는 큰 소리로 웃는다.

**Words**

speak 말하다 | quietly 조용히 | swim 수영하다 | solve 풀다 | problem 문제 | Spanish 스페인어 | very 매우 | shoes 신발 | too 너무 | laugh 웃다

① They are <u>real</u> happy. 그들은 정말 행복하다.

➡ **They are really happy.**

② He helps us <u>kind</u>. 그는 우리를 친절하게 도와준다.

➡

③ They run <u>slow</u>. 그들은 느리게 달린다.

➡

④ The gloves are <u>big very</u>. 그 장갑은 매우 크다.

➡

⑤ They read the books <u>easy</u>. 그들은 그 책들을 쉽게 읽는다.

➡

⑥ She <u>sings loud</u>. 그녀는 큰 소리로 노래한다.

➡

⑦ The question is <u>easy very</u>. 그 질문은 매우 쉽다.

➡

⑧ The pants are <u>small too</u> for me. 그 바지는 나에게 너무 작다.

➡

 Words · help 돕다 | run 달리다 | gloves 장갑 | read 읽다 | loudly 크게, 큰 소리로 | question 질문 | easy 쉬운 | pants 바지 | small 작은

해석 참 이상하군! 여긴 새도 나비도 없네. / 조심하세요! / 당신은 고래 등 위에 있는 거예요!

**1** 전치사는 명사나 대명사 앞에 와서 시간, 위치 등을 나타내는 말이에요.

| 전치사 | **+** | 명사 / 대명사 |
|:---:|:---:|:---:|
| on | | Sunday |

일요일에

**2** 시간을 나타내는 전치사가 있어요.

| **at + 시간** | **on + 요일, 날짜** | **in + 월, 연도, 계절** |
|:---:|:---:|:---:|
| **at 4** 4시에 | **on Monday** 월요일에 | **in May** 5월에 |
| _____ **2 o'clock** 2시 정각에 | **on May 5th** 5월 5일에 | **in 2030** 2030년에 |
| **at 9 a.m.** 오전 9시에 | _____ **July 11th** 7월 11일에 | _____ **spring** 봄에 |

**? Quiz** 위의 빈칸을 채워 보세요.

**3** 위치를 나타내는 전치사가 있어요.

**on (~ 위에)**

**in (~ 안에)**

**under (~ 아래에)**

**on the house** 집 위에

**in the house** 집 안에

**under the house** 집 아래에

**! Grammar Tips**

시간을 나타내는 전치사는 at → on → in 순서임을 기억하면 헷갈리지 않아요.

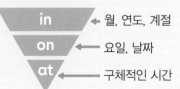

| **in** | ← 월, 연도, 계절 |
| **on** | ← 요일, 날짜 |
| **at** | ← 구체적인 시간 |

이 피라미드만 잘 기억하면 되겠구나!

## Step 1 골라 쓰기

다음 문장에서 전치사를 고르고 빈칸에 쓰세요.

① Jessie is (in) her room.
Jessie는 그녀의 방 안에 있다.

→ in

② I get up at 7 o'clock.
나는 7시에 일어난다.

→

③ My cat is under the chair.
내 고양이는 의자 아래에 있다.

→

④ I go to church on Sunday.
나는 일요일에 교회에 간다.

→

⑤ They watch TV at 8:30.
그들은 8시 30분에 TV를 본다.

→

⑥ We go to the beach in summer.
우리는 여름에 해변에 간다.

→

⑦ The book is on the desk.
그 책은 책상 위에 있다.

→

⑧ My birthday is on May 9th.
내 생일은 5월 9일이다.

→

**Words** | room 방 | get up 일어나다 | chair 의자 | go to church 교회에 가다 | beach 해변 |
summer 여름 | desk 책상 | birthday 생일 | May 5월

① 나는 / 일어난다 / 7시 30분에.

I get up at 7:30.

나는 / 교회에 간다 / 일요일에.

I go to church _on_ Sunday.

② 그 고양이는 / 있다 / 소파 위에.

The cat is on the sofa.

그 고양이는 / 있다 / 바구니 안에.

The cat is _____ the basket.

③ 우리는 / 수영한다 / 여름에.

We swim _____ summer.

그들은 / 축구를 한다 / 금요일에.

They play soccer _____ Friday.

④ 우리는 / 있다 / 나무 아래에.

We are _____ the tree.

그는 / 있다 / 침대 위에.

He is _____ the bed.

⑤ 그녀는 / 있다 / 그녀의 방 안에.

She is _____ her room.

그녀는 / 자러 간다 / 10시에.

She goes to bed _____ 10:00.

⑥ 그의 생일은 / 이다 / 3월.

His birthday is _____ March.

있다 / 공이 / 상자 안에.

There is a ball _____ the box.

**Words**  Sunday 일요일 | sofa 소파 | basket 바구니 | summer 여름 | play soccer 축구를 하다 |
Friday 금요일 | bed 침대 | go to bed 자러 가다 | March 3월

① There are books **in** the bag. 가방 안에 책들이 있다.

② Flowers grow [        ] spring. 꽃들은 봄에 자란다.

③ I get up [        ] 6 a.m. 나는 오전 6시에 일어난다.

④ The dog is [        ] the bed. 개가 침대 위에 있다.

⑤ I go skiing [        ] winter. 나는 겨울에 스키 타러 간다.

⑥ We have breakfast [        ] 7:30.
우리는 7시 30분에 아침 식사를 한다.

⑦ There is a box [        ] the table. 식탁 아래에 상자가 있다.

⑧ He goes swimming [        ] Monday. 그는 월요일에 수영하러 간다.

**words** grow 자라다 | spring 봄 | get up 일어나다 | go skiing 스키 타러 가다 | winter 겨울 |
breakfast 아침 식사 | table 식탁 | go swimming 수영하러 가다

① I have dinner <u>on</u> 7 p.m. 나는 오후 7시에 저녁 식사를 한다.

➡ **I have dinner at 7 p.m.**

② He plays the piano <u>in</u> Friday. 그는 금요일에 피아노를 연주한다.

➡

③ The cats are <u>at</u> the sofa. 그 고양이들은 소파 위에 있다.

➡

④ They go to the beach <u>under</u> summer. 그들은 여름에 해변에 간다.

➡

⑤ The ball is <u>at</u> the basket. 그 공은 바구니 안에 있다.

➡

⑥ There is an eraser <u>in</u> the desk. 책상 위에 지우개가 있다.

➡

⑦ Anna's birthday is <u>at</u> June. Anna의 생일은 6월이다.

➡

⑧ We get up <u>on</u> 8 o'clock. 우리는 8시에 일어난다.

➡

 **Words**  **have dinner** 저녁 식사를 하다 | **Friday** 금요일 | **beach** 해변 | **basket** 바구니 |
**eraser** 지우개 | **June** 6월 | **get up** 일어나다

# Review

지금까지 배운 것을 복습해봐요!

## 형용사

▶ 형용사 + 명사

a happy girl

▶ be동사 + 형용사

The girl is happy.

## 부사

▶ 형용사를 꾸밀 때

I am really sleepy.

▶ 다른 부사를 꾸밀 때

He smiles very happily.

## 전치사

▶ 시간

on Sunday

▶ 위치

under the chair

**Chapter 1** **Test**

1 다음 중 형용사가 <u>아닌</u> 것을 고르세요.

❶ polite       ❷ famous       ❸ flower

❹ small       ❺ yellow

2 다음 그림을 보고 빈칸에 들어갈 알맞은 말을 고르세요.

Anna is _____ .

❶ sad       ❷ happy       ❸ sleepy

❹ kind       ❺ angry

3 다음 빈칸에 들어갈 알맞은 말을 고르세요.

**The boy is smart. = He is _____ .**

❶ boy a smart       ❷ a smart boy       ❸ boy smart

❹ smart a boy       ❺ smart boy

**4** 다음 중 형용사와 부사가 바르게 짝지어진 것을 고르세요.

❶ loud – loudily   ❷ easy – easyly   ❸ quick – quickily

❹ quiet – quietly   ❺ slow – slowily

**5** 다음 괄호 안에서 알맞은 말을 고르세요.

❶ The cat is ( in / under ) the chair.

❷ We go to bed ( in / at ) 10 o'clock.

❸ Sarah plays soccer ( in / on ) Friday.

❹ The boys are ( under / in ) the gym.

**[6-7]** 다음 중 밑줄 친 부분이 <u>잘못된</u> 것을 고르세요.

**6** ❶ These are <u>new pencils</u>.   ❷ She is <u>a famous singer</u>.

❸ It is <u>small a cat</u>.   ❹ There is <u>a long river</u>.

❺ He has <u>dirty shoes</u>.

**7** ❶ We <u>laugh loudly</u>.   ❷ The girl <u>speaks kind</u>.

❸ My sister <u>runs quickly</u>.   ❹ He <u>smiles happily</u>.

❺ The pants are <u>too big</u>.

**8** 다음 형용사를 부사로 바꿔 쓰세요.

❶ kind ➡ _____

❷ slow ➡ _____

❸ easy ➡ _____

❹ quiet ➡ _____

**9** 다음 우리말 뜻을 보고 보기의 단어를 이용하여 알맞은 말을 쓰세요.

| short | at | sadly | in |
|---|---|---|---|

❶ We go swimming _____ summer. 우리는 여름에 수영하러 간다.

❷ He has lunch _____ 12 p.m. 그는 낮 12시에 점심을 먹는다.

❸ The girl has _____ hair. 그 소녀는 짧은 머리를 가지고 있다.

❹ The babies cry _____. 그 아기들은 슬프게 운다.

**10** 다음 밑줄 친 부분을 바르게 고쳐 쓰세요.

❶ We go to church under Sunday. ➡ _____

❷ The books are a new. ➡ _____

❸ He walks quick. ➡ _____

❹ It is an question easy. ➡ _____

# Chapter 2

# 조동사

## can ~할 수 있다

**I can swim.**
나는 수영할 수 있다.

**He can play ice hockey.**
그는 아이스하키를 할 수 있다.

## will ~할 것이다

**She will study English.**
그녀는 영어를 공부할 것이다.

**He will be 11 years old next week.**
그는 다음 주에 11살이 될 것이다.

## can과 will의 부정문

**She can't ski.**
그녀는 스키를 탈 수 없다.

**He won't clean the house.**
그는 집을 청소하지 않을 것이다.

## can과 will의 의문문

**Can you make pizza?**
너는 피자를 만들 수 있니?

**Will they go to the museum?**
그들은 박물관에 갈 것이니?

# Unit 1 조동사 can

From 'Jonathan Livingston Seagull' (갈매기의 꿈)

**Quiz** 동사 앞에 쓰인 '~할 수 있다'라는 뜻을 가진 단어를 찾아 쓰세요.

- [ ][ ][ ]

해석 나는 빨리 날 수 있어! / 넌 할 수 있어. / 그는 할 수 있어. / 대단하다!

**1** can은 동사 앞에서 '~할 수 있다'라는 의미를 더해줘요.

**I can swim.**
나는 수영할 수 있다.

**She _____ run.**
그녀는 달릴 수 있다.

can을 조동사라고 하는데, 다른 동사를 도와서
의미를 더해주는 역할을 해.

**? Quiz** 위의 빈칸을 채워 보세요.

**2** can 뒤에 오는 동사는 원래 모양 그대로 사용해요.

**He swims.** 그는 수영한다.

↓

**He can swim.** 그는 수영할 수 있다.

swims의 원래 모양은 swim이야.

**3** can은 어떤 주어가 와도 변하지 않아요.

난 변하지 않는다!

**She cans play the piano.** (✗)   **She can play the piano.** (○)

**❗ Grammar Tips**

내가 도와줄게!

응, 나는
가만히 있을게.

can 뒤에 오는 동사는 왜 모양 그대로
사용해야 할까요?
can이 동사를 도와주기 때문에 동사는
원래 모양 그대로 가만히 있는 거예요.

① The baby  cans / (can)  walk.  그 아기는 걸을 수 있다.

② He  can / cans  sing well.  그는 노래를 잘할 수 있다.

③ Judy can  speaks / speak  Spanish.  Judy는 스페인어를 말할 수 있다.

④ Peter  can play / play can  the violin.  Peter는 바이올린을 연주할 수 있다.

⑤ Kangaroos  jump can / can jump  very high.

캥거루들은 매우 높이 뛸 수 있다.

⑥ Cheetahs  run can / can run  fast.

치타들은 빨리 달릴 수 있다.

⑦ I  can rides / can ride  a bike.  나는 자전거를 탈 수 있다.

⑧ My mom  can drive / drive can  .  나의 엄마는 운전하실 수 있다.

---

**Words**  walk 걷다  |  sing 노래하다  |  Spanish 스페인어  |  kangaroo 캥거루  |  jump 뛰다  |
high 높이  |  cheetah 치타  |  fast 빨리  |  drive 운전하다

44

# 비교 쓰기

두 문장을 서로 비교해 보고 빈칸에 알맞은 말을 써 보세요.

① 그는 / 연주한다 / 첼로를.

He plays the cello.

그는 / 연주할 수 있다 / 첼로를.

He ___can___ ___play___ the cello.

④ 나는 / 말한다 / 중국어를.

I speak Chinese.

나는 / 말할 수 있다 / 중국어를.

I _____ _____ Chinese.

② 그녀는 / 탄다 / 자전거를.

She rides a bike.

그녀는 / 탈 수 있다 / 자전거를.

She _____ _____ a bike.

⑤ 그 새는 / 난다 / 높이.

The bird flies high.

그 새는 / 날 수 있다 / 높이.

The bird _____ _____ high.

③ 우리는 / 만든다 / 피자를.

We make pizza.

우리는 / 만들 수 있다 / 피자를.

We _____ _____ pizza.

⑥ 그들은 / 수영한다 / 빨리.

They swim fast.

그들은 / 수영할 수 있다 / 빨리.

They _____ _____ fast.

**Words** play the cello 첼로를 연주하다 | ride a bike 자전거를 타다 | make 만들다 | pizza 피자 | Chinese 중국어 | bird 새 | fly high 높이 날다 | fast 빨리

**다음 주어진 단어와 can을 이용해서 문장을 완성하세요.**

① **jump**

I ___can___ ___jump___ high.
나는 높이 뛸 수 있다.

② **swim**

She _____ _____ fast.
그녀는 빨리 수영할 수 있다.

③ **sing**

James _____ _____ well.
James는 노래를 잘할 수 있다.

④ **play**

He _____ _____ ice hockey.
그는 아이스하키를 할 수 있다.

⑤ **run**

My dog _____ _____ fast.
나의 개는 빨리 달릴 수 있다.

⑥ **ride**

She _____ _____ a bike.
그녀는 자전거를 탈 수 있다.

⑦ **make**

We _____ _____ sandwiches.
우리는 샌드위치를 만들 수 있다.

⑧ **draw**

They _____ _____ well.
그들은 그림을 잘 그릴 수 있다.

**Words**  high 높이 | fast 빨리 | well 잘 | play (게임, 놀이 등을) 하다, 놀다, 연주하다 |
ice hockey 아이스하키 | bike 자전거 | make 만들다 | sandwich 샌드위치 | draw 그리다

① I <u>speak can</u> Russian. 나는 러시아어를 말할 수 있다.

→ I can speak Russian.

② We can <u>writes</u> our names. 우리는 우리의 이름을 쓸 수 있다.

→

③ The animal <u>jump can</u> high. 그 동물은 높이 뛸 수 있다.

→

④ She <u>read can</u> English books. 그녀는 영어책을 읽을 수 있다.

→

⑤ Tom can <u>speaks</u> Korean. Tom은 한국어를 말할 수 있다.

→

⑥ My brother <u>drive can</u>. 나의 오빠는 운전할 수 있다.

→

⑦ We <u>cans dance</u> well. 우리는 춤을 잘 출 수 있다.

→

⑧ The baby can <u>walks</u>. 그 아기는 걸을 수 있다.

→

 **Words**  speak 말하다 | Russian 러시아어 | write 쓰다 | name 이름 | animal 동물 | jump 뛰다 | Korean 한국어 | drive 운전하다 | walk 걷다

**Quiz** 위 그림에서 will을 모두 찾아 동그라미 하세요.

해석 당신이 여기 오도록 도와줄게요. / 제가 올라갈게요. / 그들은 서로 사랑할 거야.

**1** will은 동사 앞에서 '～할 것이다'라는 의미를 더해줘요. will도 조동사야.

**I will study English.**
나는 영어를 공부할 것이다.

**He will play the piano tomorrow.**
그는 내일 피아노를 연주할 것이다.

**She will be 11 years old next year.**
그녀는 내년에 11살이 될 것이다.

**2** will 뒤에 오는 동사는 원래 모양 그대로 **사용해요.**

**She** studies **English.** 그녀는 영어를 공부한다.

↓

**She will _____ English.** 그녀는 영어를 공부할 것이다.

**? Quiz** 위의 빈칸을 채워 보세요.

I will은 I'll로, He will은 He'll로,
She will은 She'll로 줄일 수 있어.

**3** will은 어떤 주어가 와도 변하지 않아요.

can과 마찬가지로 will도 변하지 않아.

**She wills study English. (✕)**　　　**She will study English. (○)**

---

**❗ Grammar Tips**

will은 '～할 것이다'라는 의미로, 앞으로 할 일이나 일어날 일을 나타내지요. 이런 미래의 일을 나타낼 때, tomorrow(내일), next week(다음 주), next year(내년) 등의 표현과 함께 사용해요.

다음 중 알맞은 것을 고르세요.

① He (will)/ wills study English. 그는 영어를 공부할 것이다.

② She wills / will play the cello. 그녀는 첼로를 연주할 것이다.

③ She'll buy / will buy the book. 그녀는 그 책을 살 것이다.

④ Jake see will / will see a doctor. Jake는 의사에게 진찰을 받을 것이다.

⑤ He'll go / goes to school tomorrow. 그는 내일 학교에 갈 것이다.

⑥ I will be / is will 11 years old. 나는 11살이 될 것이다.

⑦ It is will / will be sunny tomorrow. 내일은 화창할 것이다.

⑧ The bus will arrive / will arrives soon. 그 버스는 곧 도착할 것이다.

**잠깐만요!**

▶ be동사 am, are, is의 원래 모양은 be예요.

**Words** cello 첼로 | buy 사다 | see a doctor 의사에게 진찰을 받다 | tomorrow 내일 | sunny 화창한 | arrive 도착하다 | soon 곧

① 나는 / 잔다 / 10시 30분에.

I sleep at 10:30.

나는 / 잘 것이다 / 10시 30분에.

I __will__ __sleep__ at 10:30.

④ (날씨가) 이다 / 비가 오는 / 오늘은.

It is rainy today.

(날씨가) 일 것이다 / 비가 오는 / 내일은.

It _____ _____ rainy tomorrow.

② 그녀는 / 돕는다 / 그녀의 친구들을.

She helps her friends.

그녀는 / 도울 것이다 / 그녀의 친구들을.

She _____ _____ her friends.

⑤ 그는 / 연주한다 / 피아노를.

He plays the piano.

그는 / 연주할 것이다 / 피아노를.

He _____ _____ the piano.

③ 그는 / 가르친다 / 영어를.

He teaches English.

그는 / 가르칠 것이다 / 영어를.

He _____ _____ English.

⑥ 우리는 / 공부한다 / 프랑스어를.

We study French.

우리는 / 공부할 것이다 / 중국어를.

We _____ _____ Chinese.

**Words**  sleep 잠을 자다 | help 돕다 | English 영어 | rainy 비가 오는 | French 프랑스어 | Chinese 중국어

① **arrive**

The train ___will___ ___arrive___ at 1 p.m.
그 기차는 오후 1시에 도착할 것이다.

② **go**

She _____ _____ to America next month.
그녀는 다음 달에 미국에 갈 것이다.

③ **study**

I _____ _____ math.
나는 수학을 공부할 것이다.

④ **play**

Sarah _____ _____ the cello after dinner.
Sarah는 저녁 식사 후에 첼로를 연주할 것이다.

⑤ **meet**

He _____ _____ her tomorrow.
그는 내일 그녀를 만날 것이다.

⑥ **buy**

She _____ _____ some flowers.
그녀는 꽃을 조금 살 것이다.

⑦ **sleep**

They _____ _____ at 10 p.m.
그들은 밤 10시에 잘 것이다.

⑧ **be**

It _____ _____ cloudy tomorrow.
내일은 흐릴 것이다.

**Words** train 기차 | arrive 도착하다 | next month 다음 달 | after dinner 저녁 식사 후에 | meet 만나다 | flower 꽃 | cloudy 흐린

52

① I'll <u>goes</u> to the library.  나는 도서관에 갈 것이다.

➜ **I'll go to the library.**

② He <u>will plays</u> soccer.  그는 축구를 할 것이다.

➜

③ Sophia <u>will meets</u> her friends.  Sophia는 그녀의 친구들을 만날 것이다.

➜

④ My brother <u>study will</u> science.  나의 형은 과학을 공부할 것이다.

➜

⑤ She <u>read will</u> a book tomorrow.  그녀는 내일 책을 읽을 것이다.

➜

⑥ It <u>will is</u> sunny this weekend.  이번 주말에는 화창할 것이다.

➜

⑦ My mom <u>buy will</u> a car.  나의 엄마는 차를 사실 것이다.

➜

⑧ The bus <u>will arrives</u> at 3 o'clock.  그 버스는 3시 정각에 도착할 것이다.

➜

**Words**  library 도서관 | soccer 축구 | friend 친구 | science 과학 | sunny 화창한 | weekend 주말 | bus 버스 | 3 o'clock 3시 정각

# 조동사 can, will의 부정문

From 'Les Miserables'
(레 미제라블)

해석 나를 좀 도와주시구려! / 나는 그를 도울 수 없어요. / 나는 아무것도 하지 않겠어. / 내가 하겠습니다.

54

**1** can과 will 뒤에 not을 붙이면 부정문이 돼요.

| 주어 | cannot / will not | 일반동사 |
|---|---|---|

I can fly. ➡ I **cannot fly.** 나는 날 수 없다.

We will swim. ➡ We **will not swim.** 우리는 수영하지 않을 것이다.

조동사 뒤에 not만 붙이면 된다니, 정말 쉽지?

**2** cannot과 will not은 줄일 수 있어요.

I cannot do it. **=** I can't **do it.** 나는 그것을 할 수 없다.

I will not do it. **=** I won't **do it.** 나는 그것을 하지 않을 것이다.

줄여서 더 많이 쓰니까 잘 알아 둬.

**❗ Grammar Tips**

WHY?

잠깐만! cannot은 왜 붙여서 쓰는 거야? will not처럼 can not 으로 띄어 쓰면 안 돼?

붙여 써도 되고 띄어 써도 돼. 하지만 cannot으로 붙여 쓰는 경우가 더 많고, 주로 can't로 줄여서 사용해. can not처럼 띄어 쓰는 건 '할 수 없다'는 것을 강조하고 싶을 때 사용하면 좋아!

① Jenny **cannot** / not can cook. Jenny는 요리를 할 수 없다.

② I can't / not can fix the bike. 나는 그 자전거를 고칠 수 없다.

③ She cans / can't ski. 그녀는 스키를 탈 수 없다.

④ He not can / can't speak Chinese. 그는 중국어를 말할 수 없다.

⑤ My dad will is / won't clean the house.

나의 아빠는 집을 청소하지 않을 것이다.

⑥ I won't / will't go camping next week.

나는 다음 주에 캠핑을 가지 않을 것이다.

⑦ She not will / will not send an email. 그녀는 이메일을 보내지 않을 것이다.

⑧ He won't / not will drive today. 그는 오늘 운전하지 않을 것이다.

**Words** cook 요리하다 | fix 고치다 | ski 스키를 타다 | clean 청소하다 | go camping 캠핑을 가다 |
next week 다음 주 | send an email 이메일을 보내다 | today 오늘

## 비교 쓰기 — 두 문장을 서로 비교해 보고 빈칸에 알맞은 말을 써 보세요.

① 그는 / 수영할 수 있다.

He can swim.

나는 / 수영할 수 없다.

I ___can't___ swim.

② 나는 / 공부할 것이다 / 열심히.

I will study hard.

그녀는 / 공부하지 않을 것이다 / 열심히.

She _____ study hard.

③ 엄마는 / 운전하실 수 있다.

Mom can drive.

나는 / 운전할 수 없다.

I _____ drive.

④ 나는 / 살 것이다 / 펜을.

I will buy a pen.

나는 / 사지 않을 것이다 / 펜을.

I _____ _____
buy a pen.

⑤ 그는 / 가르칠 수 있다 / 수학을.

He can teach math.

그는 / 가르칠 수 없다 / 영어를.

He _____ teach English.

⑥ 그 말은 / 달릴 수 있다 / 빨리.

The horse can run fast.

그 거북이는 / 달릴 수 없다 / 빨리.

The turtle _____ run
fast.

**Words** study 공부하다 | hard 열심히 | drive 운전하다 | buy 사다 | teach 가르치다 |
horse 말 | turtle 거북이

우리말 뜻을 보고 주어진 단어를 이용해서 문장을 완성하세요.

① swim

I __can't__ __swim__ in the sea.
나는 바다에서 수영할 수 없다.

② ride

She _____ _____ a bike.
그녀는 자전거를 탈 수 없다.

③ fix

I _____ _____ my computer.
나는 나의 컴퓨터를 고칠 수 없다.

④ leave

We _____ _____ here.
우리는 여기를 떠나지 않을 것이다.

⑤ marry

My uncle _____ _____ this year.
내 삼촌은 올해 결혼하지 않을 것이다.

⑥ fly

The bird _____ _____ .
그 새는 날 수 없다.

⑦ do

I _____ _____ anything.
나는 아무것도 할 수 없다.

⑧ be

It _____ _____ hot tomorrow.
내일은 덥지 않을 것이다.

Words

in the sea 바다에서 | fix 고치다 | computer 컴퓨터 | leave 떠나다 | here 여기(에) |
marry 결혼하다 | this year 올해 | anything 아무것도 | hot 더운

① I <u>cann't</u> watch a scary movie. 나는 무서운 영화를 볼 수 없다.

➡ I can't watch a scary movie.

② I can't <u>speaks</u> Russian. 나는 러시아어를 말할 수 없다.

➡

③ Sally <u>not will</u> buy the cap. Sally는 그 모자를 사지 않을 것이다.

➡

④ They <u>buy can't</u> the watch. 그들은 그 시계를 살 수 없다.

➡

⑤ We <u>not can</u> drink coffee. 우리는 커피를 마실 수 없다.

➡

⑥ He won't <u>wears</u> sunglasses. 그는 선글라스를 쓰지 않을 것이다.

➡

⑦ She will <u>do not</u> the dishes. 그녀는 설거지를 하지 않을 것이다.

➡

⑧ I <u>play won't</u> computer games. 나는 컴퓨터 게임을 하지 않을 것이다.

➡

**Words** scary movie 무서운 영화 | Russian 러시아어 | buy 사다 | drink 마시다 |
wear sunglasses 선글라스를 쓰다 | play computer games 컴퓨터 게임을 하다

# 조동사 can, will의 의문문

From 'Robinson Crusoe'
(로빈슨 크루소)

**Quiz** 도끼를 든 청년의 이름을 써 보세요.

해석 저 나무를 자를 수 있니, 프라이데이? / 네, 할 수 있습니다. / 그만 멈춰 줄래요?

60

**1** 주어와 조동사 can, will의 순서를 바꾸면 의문문이 돼요.

주어 조동사
He can swim.  그는 수영할 수 있다.

Can he swim?  그는 수영할 수 있니?
조동사 주어

주어 조동사
She will come back.  그녀는 돌아올 것이다.

Will _____ come back?  그녀는 돌아올 거니?
조동사 주어

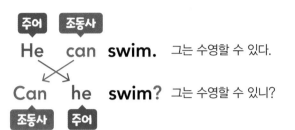

**Quiz** 위의 빈칸을 채워 보세요.

**2** 조동사의 의문문 대답은 Yes 또는 No로 해요.

**Can he speak English?**
그는 영어를 말할 수 있니?
➡ **Yes, he can.**
➡ **No, he can't.**

**Will you invite us?**
너는 우리를 초대할 거니?
➡ **Yes, _____ will.**
➡ **No, _____ won't.**

대답할 때는 줄여서 can't 또는 won't로 말해.

**Quiz** 위의 빈칸을 채워 보세요.

**! Grammar Tips**

I(나)에 대해 물으면 you(너)로 대답하고, you(너, 너희들)에 대해 물으면 I(나), we(우리)로 대답해요.

① **Can** / Are  he help us?  그는 우리를 도울 수 있니?

② Is / Can  she drive?  그녀는 운전할 수 있니?

③ Can / Is  he speak English?  그는 영어를 말할 수 있니?

④ Can / Am  you make pizza?  너는 피자를 만들 수 있니?
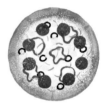

⑤ Will / Are  you invite my family?  너는 내 가족을 초대할 거니?

⑥ Is / Will  he leave tomorrow?  그는 내일 떠날 거니?

⑦ Will / Is  it rain next week?  다음 주에 비가 올 거니?

⑧ Are / Will  they go to the museum?

그들은 박물관에 갈 거니?

**Words**   help 돕다  |  invite 초대하다  |  family 가족  |  leave 떠나다  |  rain 비가 오다  |
next week 다음 주  |  go 가다  |  museum 박물관

62

① 우리는 / 도울 수 있다 / 너를.

We can help you.

할 수 있니 / 우리는 / 너를 돕는 것을?

__Can__ __we__ help you?

② 그들은 / 할 것이다 / 설거지를.

They will do the dishes.

할 것이니 / 그들은 / 설거지를?

_____ _____ do the dishes?

③ 그녀는 / 볼 것이다 / TV를.

She will watch TV.

할 것이니 / 그녀는 / TV 보는 것을?

_____ _____ watch TV?

④ 그는 / 만들 수 있다 / 피자를.

He can make pizza.

할 수 있니 / 그는 / 피자 만드는 것을?

_____ _____ make pizza?

⑤ 공부할 거니 / 그녀는 / 중국어를?

Will she study Chinese?

아니, / 그녀는 / 하지 않을 거야.

No, _____ _____ .

⑥ 탈 수 있니 / 너는 / 자전거를?

Can you ride a bike?

응, / 나는 / 탈 수 있어.

Yes, _____ _____ .

**Words**   do the dishes 설거지를 하다  |  watch TV TV를 보다  |  make 만들다  |  Chinese 중국어  |
ride a bike 자전거를 타다

① come

A: ___Will___ he ___come___ back?
그는 돌아올 거니?
B: Yes, he ___will___ .

② play

A: _____ she _____ the piano?
그녀는 피아노를 연주할 수 있니?
B: _____ , she can't.

③ buy

A: _____ you _____ the bag?
너는 그 가방을 살 거니?
B: No, _____ won't.

④ read

A: _____ they _____ English?
그들은 영어를 읽을 수 있니?
B: Yes, _____ _____ .

⑤ study

A: _____ you _____ Chinese?
너는 중국어를 공부할 거니?
B: Yes, _____ _____ .

⑥ invite

A: _____ he _____ us?
그는 우리를 초대할 거니?
B: Yes, _____ _____ .

**words** come back 돌아오다 | read 읽다 | Chinese 중국어 | invite 초대하다

64

① Can you <u>opens</u> the box?  너는 그 상자를 열 수 있니?

➡ **Can you open the box?**

② <u>Cans</u> he write Korean?  그는 한국어를 쓸 수 있니?

➡

③ <u>Is can</u> she play the violin?  그녀는 바이올린을 연주할 수 있니?

➡

④ <u>You can</u> fix the bike?  너는 그 자전거를 고칠 수 있니?

➡

⑤ <u>Wills you</u> climb that mountain?  너는 저 산을 오를 거니?

➡

⑥ Will she <u>invites</u> her friends?  그녀는 그녀의 친구들을 초대할 거니?

➡

⑦ <u>Are they can</u> drink coffee?  그들은 커피를 마실 수 있니?

➡

⑧ <u>You will</u> come to my house?  너는 내 집에 올 거니?

➡

**Words**  open 열다 | climb 오르다, 올라가다 | mountain 산 | friend 친구 | drink 마시다 |
coffee 커피 | come 오다 | house 집

## 조동사

▶ **can** '~할 수 있다'

I can play ice hockey.

▶ **will** '~할 것이다'

He will be 11 years old tomorrow.

▶ **부정문** can / will 뒤에 not을 붙여요.

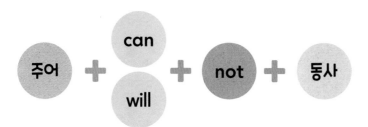

주어 **+** can / will **+** not **+** 동사

She can't ski.

▶ **의문문** 문장 맨 앞에 can / will을 붙여요.

Can / Will **+** 주어 **+** 동사 **+** ?

Will you go to the museum?

[1-3] 다음 중 밑줄 친 부분이 <u>잘못된</u> 것을 고르세요.

**1**  ❶ I <u>can jump</u> high.  ❷ She <u>can read</u> English books.

　　❸ My mom <u>can sing</u> well.  ❹ He <u>can plays</u> ice hockey.

　　❺ The dog <u>can run</u> fast.

**2**  ❶ I <u>will study</u> science.  ❷ He <u>wills see</u> a doctor.

　　❸ It <u>will be</u> hot tomorrow.  ❹ The bus <u>will arrive</u> at 3 p.m.

　　❺ She <u>will go</u> to the zoo tomorrow.

**3**  ❶ She <u>can't speaks</u> English.  ❷ Jenny <u>can't play</u> the cello.

　　❸ I <u>can't fix</u> my bike.  ❹ The man <u>can't ride</u> a horse.

　　❺ We <u>can't dance</u> well.

**4** 다음 그림을 보고 빈칸에 들어갈 알맞은 말을 고르세요.

It ＿＿＿＿＿＿ ＿＿＿＿＿＿ sunny tomorrow.

❶ will is ❷ is will ❸ won't be

❹ be won't ❺ will be

**5** 다음 빈칸에 들어갈 말이 바르게 짝지어진 것을 고르세요.

> • They _____ leave tomorrow.
>
> • He _____ teach science.

❶ wills – won't      ❷ will – can't      ❸ will – cans

❹ won't – cans      ❺ wills – can't

**[6-7]** 다음 중 대화의 빈칸에 들어갈 알맞은 말을 고르세요.

**6**

> A: Can you play the guitar?
>
> B: Yes, _____ _____.

❶ I can      ❷ you can      ❸ I play

❹ you can't      ❺ I can't

**7**

> A: Will they watch a movie?
>
> B: No, _____ _____.

❶ they can      ❷ we will      ❸ they won't

❹ we won't      ❺ they will

**8** 다음 밑줄 친 부분을 줄임말로 쓰세요.

❶ He <u>will not</u> buy the pen.   → _____

❷ I <u>cannot</u> sleep now.   → _____

**9** 다음 우리말 뜻을 보고 보기의 단어를 이용하여 알맞은 말을 쓰세요.

> **jump      go      fix      walk**

❶ The baby _____ _____.   그 아기는 걸을 수 있다.

❷ I _____ _____ the computer.   나는 그 컴퓨터를 고칠 수 없다.

❸ The animal _____ _____ high.   그 동물은 높이 뛸 수 있다.

❹ She _____ _____ there tomorrow.   그녀는 내일 거기를 갈 것이다.

**10** 다음 문장을 의문문으로 바꿔 쓰세요.

❶ You can speak French.

→ _____

❷ We will write a letter.

→ _____

❸ She can drive a car.

→ _____

❹ They will go camping tomorrow.

→ _____

# Chapter 3

# 동사의 과거형

## 과거형 – 이미 지나간 일을 나타내는 말

### be동사의 과거형

**I was six years old.**
나는 여섯 살이었다.

**I am eleven years old.**
나는 열한 살이다.

### 일반동사의 과거형

**He played the piano.**
그는 피아노를 연주했다.

**They danced together.**
그들은 함께 춤을 추었다.

**She ran in the morning.**
그녀는 아침에 달렸다.

# Unit 1 be동사의 과거형

From 'Don Quixote' (돈키호테)

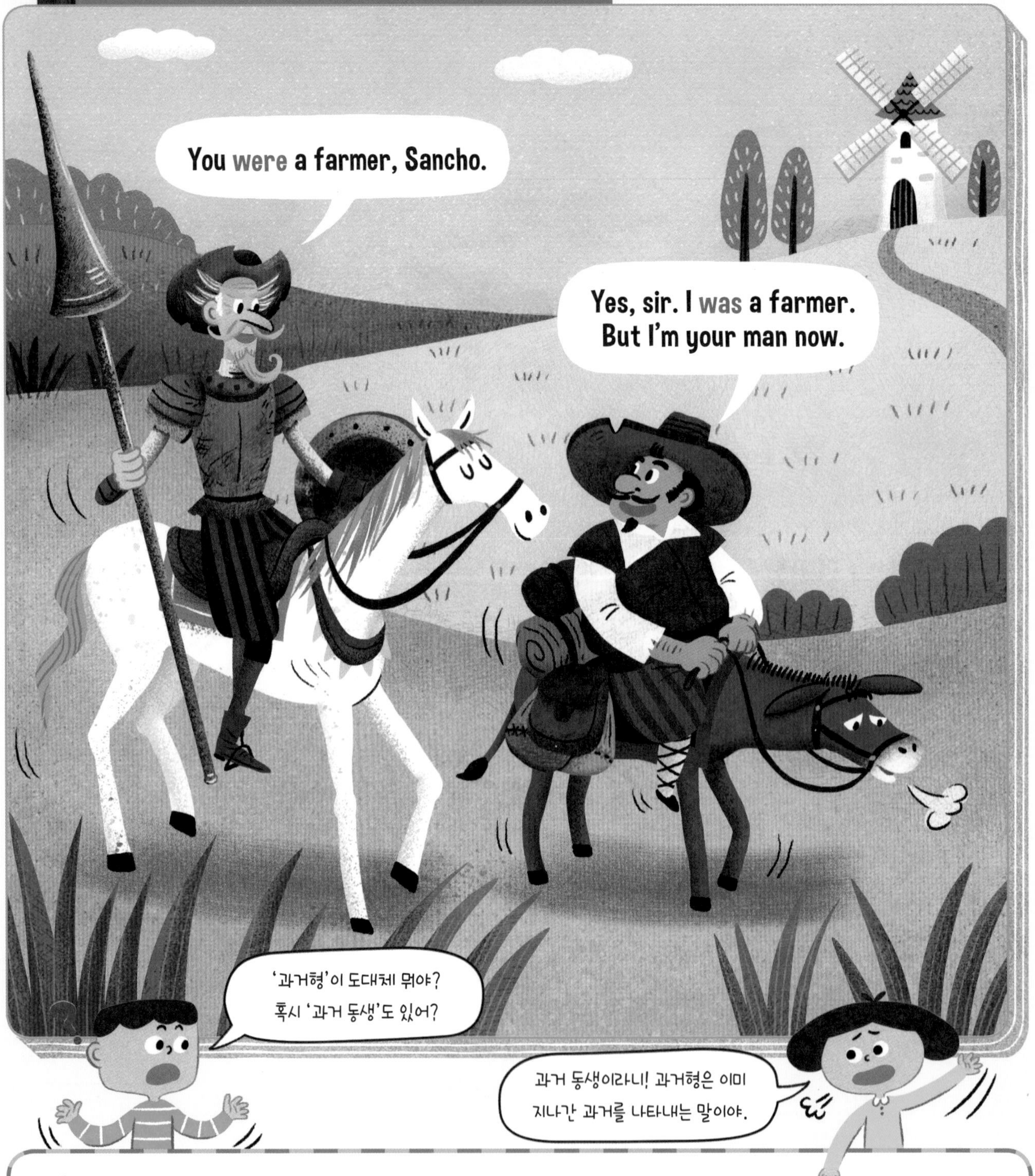
You were a farmer, Sancho.
Yes, sir. I was a farmer. But I'm your man now.
'과거형'이 도대체 뭐야? 혹시 '과거 동생'도 있어?
과거 동생이라니! 과거형은 이미 지나간 과거를 나타내는 말이야.

**Quiz** 위 그림을 보고 주어에 맞는 be동사의 과거형을 찾아 써 보세요.

- I (                    )
- You (                    )

해석 산초, 자네는 농부였지. / 네, 주인님. 저는 농부였습니다. 하지만 지금은 당신의 부하입니다.

**1** be동사의 과거형은 '~이었다'라는 뜻이에요.

| 과거 (~이었다) | 현재 (~이다) |

**I was six years old.**
나는 여섯 살이었다.

**I am eleven years old.**
나는 열한 살이다.

**2** be동사의 과거형은 was와 were가 있고, 주어에 따라 바뀌어요.

| 현재 | 과거 |
|---|---|
| am, is | was |
| _____ | were |

**❓ Quiz** 위의 빈칸을 채워 보세요.

| 주어 | **+** | be동사 |
|---|---|---|
| I | | |
| He | | |
| She | | was |
| It | | |
| We | | |
| You | | were |
| They | | |

**3** be동사 과거형 뒤에 not을 붙이면 부정문이 되고, 주어와 be동사 과거형의 순서를 바꾸면 의문문이 돼요.

부정문 **I was a doctor.** 나는 의사였다. ➡ **I was not a doctor.** 나는 의사가 아니었다.

의문문 **You were happy.** 너는 행복했다. ➡ **Were you happy?** 너는 행복했니?

### ❗ Grammar Tips

was not과 were not은 줄여서 wasn't와 weren't로 쓸 수 있어요.

- **It wasn't my pencil.** 그것은 내 연필이 아니었다.
- **You weren't a small kid.** 너는 작은 아이가 아니었다.

① I (was)/ were  a farmer. 나는 농부였다.

② He  was / were  a pilot. 그는 조종사였다.

③ Tom  was / were  a student. Tom은 학생이었다.

④ We  was / were  short. 우리는 키가 작았다.

⑤ You  was not / were not  my friend. 너는 나의 친구가 아니었다.

⑥ I  wasn't / weren't  happy yesterday. 나는 어제 행복하지 않았다.

⑦ Was / Were  he a vet? 그는 수의사였니?

⑧ Was / Were  the boys fat? 그 소년들은 뚱뚱했니?

잠깐만요!

▶ be동사 다음에 명사가 오면 '(무엇)이었다'라고 해석하고, 명사가 아닌 다른 것이 오면 '(어떠)했다'라고 해석해요.

**Words**  farmer 농부 | pilot 조종사 | student 학생 | short 키가 작은 | friend 친구 | yesterday 어제 | vet 수의사 | fat 뚱뚱한

① 나는 / 이다 / 의사.

I am a doctor.

나는 / 이었다 / 학생.

I __was__ a student.

② 그녀는 / 이다 / 화가.

She is a painter.

그녀는 / 이었다 / 작가.

She _____ a writer.

③ 너는 / 이다 / 가수.

You _____ a singer.

너희들은 / 이었다 / 친구들.

You _____ friends.

④ 그는 / 이었다 / 수의사.

He _____ a vet.

그들은 / 이었다 / 수의사들.

They _____ vets.

⑤ 이것들은 / 이었다 / 그의 책들.

These _____ his books.

이것들은 / 아니었다 / 나의 책들이.

These _____ my books.

⑥ 이었니 / 그는 / 배우?

_____ he an actor?

이었니 / 그들은 / 잘생긴?

_____ they handsome?

① She **was** my friend. 그녀는 나의 친구였다.

② It _____ my cat. 그것은 나의 고양이였다.

③ You and I _____ good friends. 너와 나는 좋은 친구였다.

④ Sam _____ a good baseball player.

Sam은 좋은 야구 선수였다.

⑤ My sisters _____ lawyers. 나의 자매들은 변호사였다.

⑥ You _____ tired yesterday. 너는 어제 피곤했다.

⑦ The women _____ vets. 그 여자들은 수의사였다.

⑧ The monsters _____ very big. I _____ scared.

그 괴물들은 아주 컸다. 나는 무서웠다.

**Words** **baseball player** 야구 선수 | **lawyer** 변호사 | **tired** 피곤한 | **yesterday** 어제 | **women** woman(여자)의 복수형 | **monster** 괴물 | **scared** 무서워하는, 겁먹은

① I <u>were</u> a student. 나는 학생이었다.

➡ I was a student.

② <u>Was</u> they dentists? 그들은 치과 의사들이었니?

➡ _____

③ <u>Were</u> it a big car? 그것은 큰 차였니?

➡ _____

④ Sam and I <u>was</u> friends. Sam과 나는 친구였다.

➡ _____

⑤ We <u>was not</u> lawyers. 우리는 변호사들이 아니었다.

➡ _____

⑥ <u>Were</u> he your English teacher? 그는 너의 영어 선생님이었니?

➡ _____

⑦ They <u>not were</u> happy yesterday. 그들은 어제 행복하지 않았다.

➡ _____

⑧ I <u>is not</u> 6 years old last year. 나는 지난해에 6살이 아니었다.

➡ _____

**Words** dentist 치과 의사 | big 큰 | lawyer 변호사 | happy 행복한 | yesterday 어제 | last year 지난해, 작년

# 일반동사의 과거형 ①

From 'Romeo and Juliet' (로미오와 줄리엣)

O, Romeo! What happened to you?
I loved you then, and I love you now.

They loved each other very much.

줄리엣의 사랑은 변함이 없는데 영어는 변하네?

그래, 맞아. 동사 love는 현재형이고, loved가 과거형이야.

**❓ Quiz** 위 그림을 보고 단어 끝에 -ed가 들어간 것을 찾아 써 보세요.

• happ □ □ □ □

• lo □ □ □

해석 오, 로미오! 당신에게 무슨 일이 있었던 건가요? 나는 그때 당신을 사랑했고 지금도 사랑해요. /
그들은 서로를 매우 사랑했어.

**1** 일반동사의 과거형은 '~했다'라는 뜻이에요.

| 과거 (~했다) | 현재 (~하다) |

I liked math.
나는 수학을 좋아했다.

I like English.
나는 영어를 좋아한다.

**2** 일반동사의 과거형은 대부분의 동사 뒤에 -ed를 붙여요.

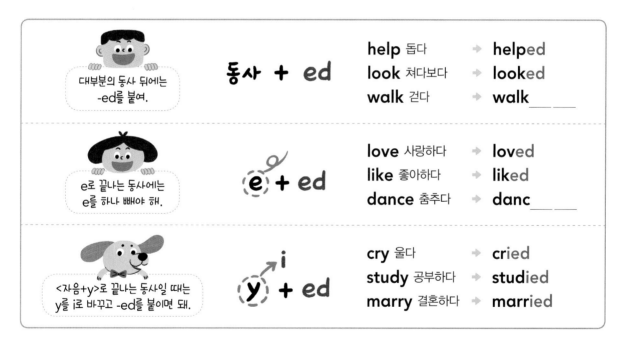

대부분의 동사 뒤에는 -ed를 붙여.

동사 + ed

help 돕다 → helped
look 쳐다보다 → looked
walk 걷다 → walk_____

e로 끝나는 동사에는 e를 하나 빼야 해.

e + ed

love 사랑하다 → loved
like 좋아하다 → liked
dance 춤추다 → danc_____

<자음+y>로 끝나는 동사일 때는 y를 i로 바꾸고 -ed를 붙이면 돼.

y + i + ed

cry 울다 → cried
study 공부하다 → studied
marry 결혼하다 → married

**? Quiz** 위의 빈칸을 채워 보세요.

★ 주의! <모음(a)+y>로 끝나는 동사는 y를 i로 바꾸지 않아요!
play (놀다) → played (○)  plaied (×)

**! Grammar Tips**

영어에서는 모음이 두 번 들어가는 것을 좋아하지 않는다는 거 기억하고 있지요?

모음 e로 끝나는 동사 love에 ed를 붙이면 loveed가 되니까 e를 하나 빼는 거예요.

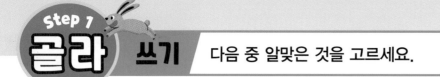

① I (watched)/ watchd  TV. 나는 TV를 봤다.

② They  study / studied  English yesterday. 그들은 어제 영어를 공부했다.

③ She  helpd / helped  her mom. 그녀는 그녀의 엄마를 도와드렸다.

④ My uncle  marryed / married  your aunt.

나의 삼촌은 너의 고모랑 결혼하셨다.

⑤ The baby  cried / cryed  last night. 그 아기는 지난밤에 울었다.

⑥ He  loved / loveed  fairy tales. 그는 동화를 사랑했다.

⑦ Sam  played / plaied  computer games. Sam은 컴퓨터 게임을 했다.

⑧ We  danced / danceed  together. 우리는 함께 춤을 추었다.

**Words**  watch TV TV를 보다  |  yesterday 어제  |  help 돕다  |  uncle 삼촌  |  aunt 고모, 이모  |
last night 지난밤  |  fairy tale 동화  |  computer game 컴퓨터 게임  |  dance 춤추다

① 나는 / 좋아한다 / 영어를.

I like English.

나는 / 좋아했다 / 과학을.

I ___liked___ science.

④ 그 아기는 / 운다 / 매일 밤.

The baby cries every night.

그 아기는 / 울었다 / 지난밤에.

The baby _____ last night.

② 그는 / 걷는다 / 매일.

He walks every day.

그녀는 / 걸었다 / 어제.

She _____ yesterday.

⑤ 우리는 / 공부했다 / 수학을.

We _____ math.

그들은 / 했다 / 축구를.

They _____ soccer.

③ Sam은 / 사랑한다 / 책을.

Sam loves books.

Pam은 / 사랑했다 / 영화를.

Pam _____ movies.

⑥ 그들은 / 쳐다보았다 / 서로를.

They _____ each other.

그들은 / 춤을 추었다 / 함께.

They _____ together.

Words   science 과학 | walk 걷다 | every day 매일 | love 사랑하다, 정말 좋아하다 | movie 영화 |
baby 아기 | look 쳐다보다 | each other 서로 | together 함께

우리말 뜻과 같도록 주어진 단어를 알맞은 형태로 바꿔 쓰세요.

① love

He _____loved_____ her very much.
그는 그녀를 매우 사랑했다.

② wash

I _____ my hands.
나는 내 손을 씻었다.

③ dance

They _____ last night.
그들은 지난밤에 춤을 추었다.

④ cry

My sister _____ loudly.
내 여동생은 큰 소리로 울었다.

⑤ marry

He _____ a beautiful lady.
그는 아름다운 여성과 결혼했다.

⑥ help

I _____ my dad yesterday.
나는 어제 내 아빠를 도와드렸다.

⑦ play

Sally _____ the piano yesterday.
Sally는 어제 피아노를 연주했다.

⑧ study

She _____ math last night.
그녀는 지난밤에 수학을 공부했다.

Words  wash 씻다 | hand 손 | last night 지난밤 | loudly 크게, 큰 소리로 | lady 여성 |
play the piano 피아노를 연주하다 | study 공부하다

① Jenny <u>likeed</u> fairy tales.  Jenny는 동화를 좋아했다.

→ Jenny liked fairy tales.

② He <u>plaied</u> computer games.  그는 컴퓨터 게임을 했다.

→

③ I <u>helpd</u> my friends.  나는 내 친구들을 도와주었다.

→

④ We <u>watchd</u> a funny movie.  우리는 재미있는 영화를 봤다.

→

⑤ I <u>loveed</u> her very much.  나는 그녀를 매우 사랑했다.

→

⑥ Sally <u>cryed</u> loudly yesterday.  Sally는 어제 큰 소리로 울었다.

→

⑦ He <u>walkied</u> around the lake.  그는 그 호수 주변을 걸었다.

→

⑧ She <u>marryed</u> an artist.  그녀는 예술가와 결혼했다.

→

**Words**  play computer games 컴퓨터 게임을 하다 | help 돕다 | funny movie 재미있는 영화 |
around the lake 호수 주변 | artist 예술가

From 'The Three Musketeers' (삼총사)

**? Quiz** 위 그림에서 형태가 변한 동사들을 모두 찾아 동그라미 하세요.

해석 자네가 다쳤다고 들었네. / 걱정 말게. 난 괜찮네. / 조심하시게.

**1** 과거형일 때 형태가 불규칙하게 바뀌는 동사가 있어요.

-ed를 붙이지 않고 형태가 불규칙하게 변하는 동사를 불규칙 동사라고 해.

과거형일 때 모음 a가 들어간 단어들이 많네?

| | | | | | |
|---|---|---|---|---|---|
| have 가지다 | ➡ | **had** | run 달리다 | ➡ | **ran** |
| give 주다 | ➡ | **gave** | see 보다 | ➡ | **saw** |
| come 오다 | ➡ | **came** | swim 수영하다 | ➡ | **swam** |
| get 받다 | ➡ | **got** | hear 듣다 | ➡ | **heard** |
| drink 마시다 | ➡ | **drank** | write 쓰다 | ➡ | **wrote** |
| do 하다 | ➡ | **did** | eat 먹다 | ➡ | **ate** |
| make 만들다 | ➡ | **made** | go 가다 | ➡ | **went** |

**2** 과거형일 때 형태가 그대로 유지되는 동사도 있어요.

어? 현재형과 과거형의 형태가 똑같아!

| | | | | | |
|---|---|---|---|---|---|
| cut 자르다 | ➡ | **cut** | hit 치다 | ➡ | **hit** |
| put 놓다 | ➡ | _____ | read 읽다 | ➡ | **read** |

❓ **Quiz** 위의 빈칸을 채워 보세요.

read의 과거형은 [뤠드]라고 발음해야 해.

**⚠ Grammar Tips**

왜 cut, put, hit, read는 형태가 똑같을까? 그냥 -ed를 붙이면 안 되는 거야?

그건 말이야, cut에 -ed를 붙이면 [컷트드]로 읽어야 하는데, 그렇게 되면 비슷한 소리가 반복돼서 발음하기가 힘들어. 영어는 겹치거나 반복되는 것을 싫어하니까 현재형과 과거형의 형태가 같은 거지.

① He  readed / read  the book. 그는 그 책을 읽었다.

② We  heared / heard  the news. 우리는 그 소식을 들었다.

③ She  did / doed  the laundry. 그녀는 빨래를 했다.

④ Sam  runed / ran  in the morning. Sam은 아침에 달렸다.

⑤ I  seed / saw  her at school today. 나는 오늘 그녀를 학교에서 봤다.

⑥ She  wrote / writed  a letter yesterday. 그녀는 어제 편지를 썼다.

⑦ My mom  cutted / cut  the cake. 나의 엄마는 케이크를 자르셨다.

⑧ The girl  geted / got  a bike for her birthday.

그 소녀는 그녀의 생일 선물로 자전거를 받았다.

 **Words**   news 소식, 뉴스 | do the laundry 빨래를 하다 | in the morning 아침에 | today 오늘 |
letter 편지 | cake 케이크 | birthday 생일

① 나는 / 있다 / 연필이.

I have a pencil.

그녀는 / 있었다 / 연필이.

She __had__ a pencil.

② 그들은 / 먹는다 / 피자를.

They eat pizza.

그는 / 먹었다 / 스파게티를.

He _____ spaghetti.

③ 그녀는 / 간다 / 학교에.

She goes to school.

그들은 / 갔다 / 그 공원에.

They _____ to the park.

④ 나는 / 마신다 / 우유를 / 매일.

I _____ milk every day.

그녀는 / 마셨다 / 주스를 / 어제.

She _____ juice yesterday.

⑤ 우리는 / 한다 / 빨래를.

We _____ the laundry.

그는 / 했다 / 그의 숙제를.

He _____ his homework.

⑥ 그 소년은 / 쳤다 / 그 공을.

The boy _____ the ball.

그 소녀는 / 만들었다 / 조금의 쿠키를.

The girl _____ some cookies.

**Words** spaghetti 스파게티 | go to school 학교에 가다 | to the park 공원에 | juice 주스 | homework 숙제 | cookie 쿠키

① come

We ___came___ home early yesterday.

우리는 어제 일찍 집에 왔다.

② cut

Jim _____ the paper.

Jim은 그 종이를 잘랐다.

③ give

She _____ me a birthday present.

그녀는 나에게 생일 선물을 주었다.

④ go

He _____ to the library yesterday.

그는 어제 도서관에 갔다.

⑤ do

I _____ the dishes last night.

나는 지난밤에 설거지를 했다.

⑥ swim

The man _____ across the lake.

그 남자는 호수를 가로질러 헤엄쳤다.

⑦ get

I _____ an A on the test.

나는 그 시험에서 A를 받았다.

⑧ eat

He _____ too much food.

그는 너무 많은 음식을 먹었다.

Words   come home 집에 오다  |  early 일찍  |  paper 종이  |  present 선물  |  library 도서관  |  across 건너서, 가로질러  |  lake 호수  |  test 시험  |  too much 너무 많이  |  food 음식

① She <u>doed</u> the dishes after dinner.  그녀는 저녁 식사 후에 설거지를 했다.

→ She did the dishes after dinner.

② Tom <u>putted</u> a pen on the desk.  Tom은 책상 위에 연필을 놓았다.

➡

③ He <u>goed</u> to the shopping mall.  그는 그 쇼핑몰에 갔다.

➡

④ We <u>cuted</u> the paper.  우리는 그 종이를 잘랐다.

➡

⑤ They <u>writed</u> a letter to Sam.  그들은 Sam에게 편지를 썼다.

➡

⑥ Mary <u>heared</u> the news yesterday.  Mary는 어제 그 소식을 들었다.

➡

⑦ He <u>runned</u> to his house.  그는 그의 집으로 달려갔다.

➡

⑧ She <u>maked</u> a pancake.  그녀는 팬케이크를 만들었다.

➡

 **Words**  **after dinner** 저녁 식사 후에  |  **on the desk** 책상 위에  |  **shopping mall** 쇼핑몰  |
**letter** 편지  |  **news** 소식, 뉴스  |  **house** 집  |  **pancake** 팬케이크

# Unit 4 일반동사 과거형의 부정문, 의문문

**Did you catch any fish?**

**No, I didn't. Did you?**

**Same here.**

과거형 부정문? 의문문? 으아~ 머리 아파!

하나도 어려울 거 없어. 지난 시간에 배운 일반동사 부정문과 의문문 기억하지? do 대신 did를 쓰면 돼!

did

**❓ Quiz** 위 그림에서 did를 모두 찾아 동그라미 하세요.

해석 물고기 좀 잡으셨어요? / 아니, 못 잡았어. 너는 잡았니? / 저도 마찬가지예요.

**1** 일반동사 앞에 did not을 붙이면 과거형 부정문이 돼요.

| 주어 | did not | 일반동사 |
|---|---|---|

**I liked cats.**
나는 고양이를 좋아했다.

➡ **I did not like cats.**
나는 고양이를 좋아하지 않았다.

**He had the book.**
그는 그 책을 가지고 있었다.

➡ **He did not have the book.**
그는 그 책을 가지고 있지 않았다.

**2** 문장 맨 앞에 Did를 붙이면 과거형 의문문이 돼요.

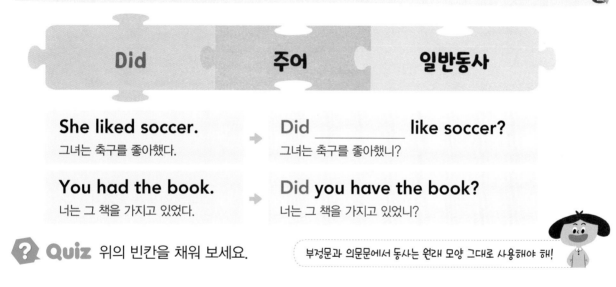

| Did | 주어 | 일반동사 |
|---|---|---|

**She liked soccer.**
그녀는 축구를 좋아했다.

➡ **Did _____ like soccer?**
그녀는 축구를 좋아했니?

**You had the book.**
너는 그 책을 가지고 있었다.

➡ **Did you have the book?**
너는 그 책을 가지고 있었니?

**? Quiz** 위의 빈칸을 채워 보세요.

> 부정문과 의문문에서 동사는 원래 모양 그대로 사용해야 해!

**3** 일반동사의 과거형 의문문 대답은 Yes 또는 No로 해요.

**Did he watch TV yesterday?**
그는 어제 TV를 봤니?

➡ **Yes, he did.**

➡ **No, he didn't.**

> did not은 didn't로 줄여서 써.

**❗ Grammar Tips**

주어가 3인칭 단수일 때 do가 does로 바뀌었죠?
과거형인 경우에는 주어에 관계없이 무조건 did를 사용해요.

> 과거는 고민없이 무조건 did를 쓰면 되는구나!

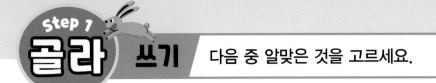

① He  is not / did not  like apples.  그는 사과를 좋아하지 않았다.

② I  do not / did not  have colored pencils.

나는 색연필들을 가지고 있지 않았다.

③ She  did not / not  watch TV.  그녀는 TV를 보지 않았다.

④ We  didn't / doesn't  play tennis.  우리는 테니스를 치지 않았다.

⑤ Do / Did  he have the book?  그는 그 책을 가지고 있었니?

⑥ Does / Did  she have brown eyes?  그녀는 갈색 눈을 가지고 있었니?

⑦ Did / Is  they go to the library?  그들은 그 도서관에 갔었니?

⑧ Did / Do  he study English yesterday?  그는 어제 영어를 공부했니?

**Words** like 좋아하다 | **colored pencil** 색연필 | **tennis** 테니스 | **brown eyes** 갈색 눈 |
**library** 도서관 | **study** 공부하다

① 그녀는 / 마시지 않았다 / 우유를.

She ___did___ not drink milk.

그들은 / 마시지 않았다 / 커피를.

They ___didn't___ drink coffee.

② 그는 / 가지 않았다 / 학교에.

He _____ go to school.

그녀는 / 읽지 않았다 / 그 책을.

She _____ read the book.

③ 나는 / 좋아하지 않았다 / 그 영화를.

I _____ not like the movie.

그는 / 좋아하지 않았다 / 그 배우를.

He _____ like the actor.

④ 했니 / 너는 / 너의 숙제를?

_____ you do your homework?

했니 / 그녀는 / 설거지를?

_____ she do the dishes?

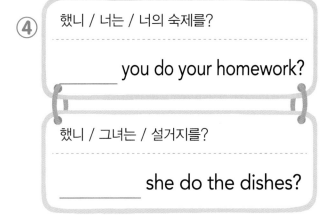

⑤ 했니 / 그들은 / 배구를?

_____ they play volleyball?

응, / 그들은 / 했어.

Yes, _____ _____ .

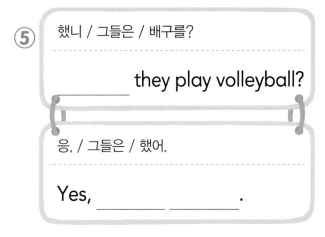

⑥ 봤니 / 그는 / TV를?

_____ he watch TV?

아니, / 그는 / 보지 않았어.

No, _____ _____ .

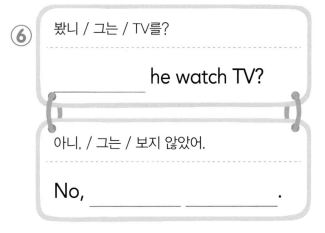

**Words**   drink 마시다 | milk 우유 | coffee 커피 | go to school 학교에 가다 | movie 영화 | actor (남자)배우 | play volleyball 배구를 하다

① I did  not  eat the ice cream.

나는 그 아이스크림을 먹지 않았다.

② She did _____ make a cake.

그녀는 케이크를 만들지 않았다.

③ He _____ go to school yesterday.

그는 어제 학교에 가지 않았다.

④ Jenny _____ not study math.

Jenny는 수학을 공부하지 않았다.

⑤ A: _____ you go to the zoo?  너는 그 동물원에 갔었니?

B: Yes, _____ did.  응, 나는 갔었어.

⑥ A: _____ he play the guitar yesterday?  그는 어제 기타를 연주했니?

B: No, he _____ _____ .  아니, 그는 연주하지 않았어.

**Words**  ice cream 아이스크림 | make 만들다 | cake 케이크 | zoo 동물원 |
play the guitar 기타를 연주하다

94

## 고쳐 쓰기  밑줄 친 부분을 바르게 고쳐 문장을 써 보세요.

① He <u>was not</u> do his homework.  그는 그의 숙제를 하지 않았다.

→ He did not do his homework.

② I <u>was not</u> like the music.  나는 그 노래를 좋아하지 않았다.

→

③ We <u>do not</u> go to school yesterday.  우리는 어제 학교에 가지 않았다.

→

④ They <u>weren't</u> play soccer last Sunday.  그들은 지난 일요일에 축구를 하지 않았다.

→

⑤ <u>Does</u> you buy the book?  너는 그 책을 샀니?

→

⑥ <u>Do</u> she go to the park?  그녀는 그 공원을 갔니?

→

⑦ <u>Does</u> you make a snowman?  너는 눈사람을 만들었니?

→

⑧ <u>Do</u> the woman have long hair?  그 여자는 긴 머리를 가지고 있었니?

→

**Words**  do one's homework 숙제를 하다 | music 음악 | soccer 축구 | buy 사다 | park 공원 | snowman 눈사람 | hair 머리카락

## be동사의 과거형

▶ **be동사의 과거형**

am, is ➡ was    are ➡ were

▶ **부정문**

주어 **+** was / were **+** not

▶ **의문문**

Was / Were **+** 주어 **+** ?

## 일반동사의 과거형

▶ **과거형**

| walk | ➡ | walked | have | ➡ | had |
| like | ➡ | liked | come | ➡ | came |
| study | ➡ | studied | cut | ➡ | cut |

▶ **부정문** 일반동사 앞에 did not을 붙여요.

주어 **+** did **+** not **+** 동사

I didn't eat the ice cream.

▶ **의문문** 문장 맨 앞에 Did를 붙여요.

Did **+** 주어 **+** 동사 **+** ?

Did you go to the library?

1 다음 괄호 안에서 알맞은 말을 고르세요.

❶ He ( was / were ) a singer.

❷ You ( was / were ) a small kid.

[2-3] 다음 중 동사의 과거형이 올바르지 <u>않은</u> 것을 고르세요.

2 ❶ love – loved  ❷ study – studied  ❸ play – plaied

❹ like – liked  ❺ watch – watched

3 ❶ go – went  ❷ make – maked  ❸ hear – heard

❹ drink – drank  ❺ have – had

[4-5] 다음 빈칸에 들어갈 말이 바르게 짝지어진 것을 고르세요.

4

A: _____ you go to the shopping mall?

B: Yes, I _____ .

❶ Does – do  ❷ Do – did  ❸ Do – does

❹ Did – do  ❺ Did – did

**5**

> A: _____ Jason happy yesterday?
>
> B: No, he _____.

❶ Was – wasn't      ❷ Were – was      ❸ Was – were

❹ Were – wasn't      ❺ Was – weren't

**6** 다음 중 밑줄 친 부분이 잘못된 것을 고르세요.

❶ She <u>loved</u> him very much.      ❷ I <u>seed</u> Tom at the park.

❸ I <u>helped</u> my mom yesterday.      ❹ They <u>ran</u> in the morning.

❺ He <u>married</u> a pretty woman last year.

**7** 다음 우리말 뜻을 보고 보기의 단어를 이용하여 알맞은 과거형을 쓰세요.

> **have**      **cut**      **read**

❶ I _____ two books. 나는 책 두 권을 읽었다.

❷ She _____ the bread. 그녀는 그 빵을 잘랐다.

❸ He _____ the notebook. 그는 그 공책을 가지고 있었다.

**8** 다음 밑줄 친 부분을 바르게 고쳐 쓰세요.

❶ She <u>writed</u> poetry last month.   ➜ _____

❷ We <u>eated</u> the cake together yesterday. ➜ _____

**9** 다음 그림을 보고 대화의 빈칸에 알맞은 말을 쓰세요.

❶

A: Was he a pilot?

B: Yes, _____.

❷

A: Did she go to school?

B: No, _____.

❸

A: Did you watch TV yesterday?

B: No, _____.

❹

A: Were they doctors?

B: Yes, _____.

**10** 다음 중 알맞은 것을 고르고 문장을 다시 쓰세요.

❶ She ( did not / not ) watch TV.

➡ _____

❷ We ( didn't / doesn't ) play baseball yesterday.

➡ _____

❸ I ( doesn't / didn't ) do my homework.

➡ _____

❹ Peter ( do not / didn't ) study English last night.

➡ _____

# Chapter 4

# 여러 가지 문장

## There is / are ~이 있다

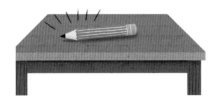

**There is a pencil.**
연필이 있다.

**There are two books.**
책 두 권이 있다.

## 명령문 – 상대방에게 명령하는 말

**Be quiet.**
조용히 해라.

**Open the window.**
창문을 열어라.

## 제안문 – 상대방에게 제안하는 말

**Let's clean the room.**
방을 청소하자.

**Let's play the cello.**
첼로를 연주하자.

# There is / are

From 'The Little Prince' (어린 왕자)

---

**? Quiz** 다음 빈칸을 채워 보세요.

• **There (        ) a snake.**          • **There (        ) many stars.**

해석 오, 이런! 여기 뱀이 있네. / 하늘에는 많은 별들이 있어. / 넌 누구니?

**1** **There is**와 **There are**는 '~이 있다'라는 뜻이에요.

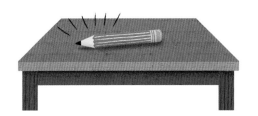

**There is a pencil.**
연필이 있다.

**There are two books.**
책 두 권이 있다.

여기서 there는 해석하지 않아!

**2** **There is** 뒤에는 단수 명사가 오고, **There are** 뒤에는 복수 명사가 와요.

이것이 주어!

| **There is** | + | 단수 명사 | | **There are** | + | 복수 명사 |

There is · a phone. · There _____ · phones.

 **Quiz** 위의 빈칸을 채워 보세요.

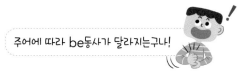
주어에 따라 be동사가 달라지는구나!

**3** 셀 수 없는 명사에는 **There is**를 써요.

**There is water.** 물이 있다.　　　　**There is bread.** 빵이 있다.

---

**❗ Grammar Tips**

there는 원래 '거기에, 저기에'라는 뜻을 가지고 있어요. 그러나 there가 문장 맨 앞에 와서 '~이 있다'라는 의미로 쓰일 때는 해석하지 않아요.

- **He went there yesterday.** 그는 어제 거기에 갔다.
- **There is a cat in the room.** 방에 거기에 고양이가 있다. (✕)　방에 고양이가 있다. (○)

① There (is)/ are　an apple. 사과가 있다.

② There　is / are　a snake. 뱀이 있다.

③ There　is / are　many stars in the sky. 하늘에 많은 별들이 있다.

④ There　is / are　an English book. 영어책이 있다.

⑤ There　is / are　three boys in the gym.

체육관에 소년 세 명이 있다.

⑥ There　is / are　many people at the shopping mall.

쇼핑몰에 많은 사람들이 있다.

⑦ There　is / are　a vase on the table. 탁자 위에 꽃병이 있다.

⑧ There　is / are　some milk in the cup. 컵에 우유가 조금 있다.

**잠깐만요!**

▶ 물, 우유, 치즈, 빵처럼 모양이 바뀌고 일정하지 않은 셀 수 없는 명사에는 some을 써서 '조금, 약간'이란 의미를 표현할 수 있어요.

**Words**　star 별 ｜ gym 체육관 ｜ people 사람들 ｜ at the shopping mall 쇼핑몰에 ｜ vase 꽃병 ｜ table 식탁, 탁자 ｜ cup 컵

① 있다 / 가방이.

There is a bag.

있다 / 가방들이.

There ___are___ bags.

④ 있다 / 새로운 / 집이.

There _____ a new house.

있다 / 세 채의 / 새로운 / 집들이.

There are three new houses.

② 있다 / 여우가.

There _____ a fox.

있다 / 두 마리의 / 여우가.

There are two foxes.

⑤ 있다 / 달걀이.

There _____ an egg.

있다 / 달걀들이.

There _____ eggs.

③ 있다 / 주스가.

There is juice.

있다 / 빵이.

There _____ bread.

⑥ 있다 / 가수가.

There _____ a singer.

있다 / 두 명의 / 가수가 / 무대 위에.

There _____ two singers on the stage.

**Words** fox 여우 | juice 주스 | bread 빵 | new 새, 새로운 | egg 달걀 | singer 가수 | on the stage 무대 위에

① There **are** many children in the park. 공원에 많은 아이들이 있다.

② There _____ a pen on the desk. 책상 위에 펜이 있다.

③ There _____ my sister in the room. 방에 내 여동생이 있다.

④ _____ are many caps. 많은 모자들이 있다.

⑤ There _____ five dancers on the stage. 무대 위에 무용수 다섯 명이 있다.

⑥ _____ _____ my friends. 내 친구들이 있다.

⑦ _____ _____ a black rose. 검은 장미 한 송이가 있다.

⑧ _____ _____ a house on the hill. 언덕 위에 집이 있다.

**Words** children child(아이)의 복수형 | park 공원 | desk 책상 | sister 자매 | stage 무대 | rose 장미 | hill 언덕

① <u>There is</u> books. 책들이 있다.

→ There are books.

② <u>There are</u> a ball in the gym. 체육관에 공 한 개가 있다.

→

③ <u>There am</u> two bottles. 병 두 개가 있다.

→

④ <u>There is</u> animals in the zoo. 동물원에 동물들이 있다.

→

⑤ <u>There is</u> six balloons. 풍선 여섯 개가 있다.

→

⑥ <u>There am</u> some cookies on the dish. 접시 위에 쿠키가 조금 있다.

→

⑦ <u>There is</u> many countries in the world. 세계에는 많은 나라들이 있다.

→

⑧ <u>There are</u> a wolf in the forest. 숲에 늑대가 있다.

→

**Words**　gym 체육관 | bottle 병 | animal 동물 | zoo 동물원 | balloon 풍선 | dish 접시 |
country 나라 | world 세계 | wolf 늑대 | forest 숲

# There is / are 부정문, 의문문

From 'The Last Leaf'
(마지막 잎새)

**1** There is / are 뒤에 not을 붙이면 '∼이 없다'라는 뜻이 돼요.

| There | is / are | not |
|-------|----------|-----|

**There is not a book on the desk.** 책상 위에 책이 없다.

**There are not any apples in the basket.** 바구니 안에 사과가 전혀 없다.

부정문이나 의문문에서는 명사 앞에 any를 쓰는 게 자연스러워.
any는 '전혀, 조금도'라는 뜻이야!

**2** There와 is / are의 순서를 바꾸면 의문문이 돼요.
문장 끝에 물음표 잊지 마!

There  is  **a dog in the park.** 공원에 개가 있다.

Is _____ **a  dog in the park?** 공원에 개가 있니?

**? Quiz** 위의 빈칸을 채워 보세요.

**3** 대답은 Yes 또는 No로 해요.

**Is there a cat on the sofa?**
소파 위에 고양이가 있니?
→ **Yes, there is.**
→ **No, there isn't.**

**Are there any books in the bag?**
가방 안에 책들이 있니?
→ **Yes, there are.**
→ **No, there aren't.**

**❗ Grammar Tips**

영어는 줄이는 것을 좋아한다고 했지요? There is not은 There isn't로, There are not은 There aren't로 줄여서 말해요.

• **There is not = There isn't**　　　• **There are not = There aren't**

① There  is / (is not)  a banana on the table. 식탁 위에 바나나가 없다.

② There  aren't / are  any books on the desk. 책상 위에 책들이 전혀 없다.

③ There  aren't / are  any leaves on the tree.

나무에 나뭇잎들이 전혀 없다.

④ There  isn't / aren't  any juice in the cup. 컵에 주스가 전혀 없다.

⑤ Is there / There is  a bed in the room? 방 안에 침대가 있니?

⑥ There are / Are there  any lions in the zoo?

동물원에 사자들이 있니?

⑦ Is there / Are there  a phone on the table? 탁자 위에 휴대폰이 있니?

⑧ Is there / Are there  any pandas in the zoo? 동물원에 판다들이 있니?

 **Words**  **banana** 바나나  |  **leaves** leaf(나뭇잎)의 복수형  |  **juice** 주스  |  **bed** 침대  |  **lion** 사자  |
**zoo** 동물원  |  **panda** 판다

① 있다 / 시계가.

There is a watch.

없다 / 시계가.

There __isn't__ a watch.

② 있다 / 펭귄들이.

There _____ penguins.

없다 / 전혀 / 펭귄들이.

There _____ any penguins.

③ 있다 / 상자들이.

There are boxes.

없다 / 전혀 / 상자들이.

There _____ any boxes.

④ 있다 / 나무들이 / 정원에.

There are trees in the garden.

있니 / 나무들이 / 정원에?

_____ there any trees in the garden?

⑤ 있다 / 설탕이.

There _____ sugar.

있니 / 설탕이?

_____ _____ any sugar?

⑥ 있다 / 지도가.

There _____ a map.

있니 / 지도가 / 벽에?

_____ _____ a map on the wall?

**Words**   watch (손목)시계 | penguin 펭귄 | box 상자 | garden 정원 | sugar 설탕 | map 지도 | on the wall 벽에

① There **aren't** any apples in the basket.

바구니 안에 사과가 전혀 없다.

② There _____ a doll on the sofa.

소파 위에 인형이 없다.

③ There _____ any pens in the classroom.

교실 안에 펜이 전혀 없다.

④ A: _____ _____ a cup in the kitchen? 부엌에 컵이 있니?

B: No, there isn't. 아니, 없어.

⑤ A: Is there a lake in the city? 도시에 호수가 있니?

B: Yes, _____ _____. 응, 있어.

⑥ A: Are there any pictures on the wall? 벽에 그림이 있니?

B: No, _____ _____. 아니, 없어.

---

**words** basket 바구니 | doll 인형 | classroom 교실 | cup 컵, 잔 | kitchen 부엌 | lake 호수 | city 도시 | picture 그림

① There <u>are</u> any mountains in the city. 도시에 산이 전혀 없다.

→ There aren't any mountains in the city.

② There <u>aren't</u> a black ball in the box. 상자 안에 검은색 공이 없다.

➡

③ There <u>is</u> any boys in the room. 방에 소년들이 전혀 없다.

➡

④ <u>Is</u> there any parks in your town? 너의 동네에 공원이 있니?

➡

⑤ <u>Are</u> there a singer on the stage? 무대 위에 가수가 있니?

➡

⑥ <u>are There</u> kangaroos in Australia? 호주에 캥거루가 있니?

➡

⑦ <u>Is</u> there any socks in the drawer? 서랍 안에 양말들이 있니?

➡

⑧ <u>There is</u> a dog on the sofa? 소파 위에 개가 있니?

➡

 **Words** mountain 산 | room 방 | town 작은 도시, 동네 | singer 가수 | kangaroo 캥거루 | socks 양말 | drawer 서랍 | sofa 소파

**Quiz** 왕이 왕비에게 한 말을 써 보세요.

- ☐☐☐☐ ! ☐☐☐' ☐ drink it!

해석 어서 덤벼라, 이 겁쟁이야! / 멈추시오! 그걸 마시지 마시오!

114

**1** **'~해라'라고 명령할 때는 주어(You) 없이 동사 모양 그대로 말해요.**

Y~~ou~~  Open **the door.** 문을 열어라.

Y~~ou~~  Listen **carefully.** 주의 깊이 들어라.

Y~~ou~~  Be **happy.** 행복해라.

am, are, is의 원래 모양이 be인 거 알지?

**2** **'~하지 마라'라고 명령할 때는 동사 앞에 Do not을 붙여요.**

**Do not** **open the door.** 문 열지 마라.

_____ **run in the classroom.** 교실에서 뛰지 마라.

**Do not** **be shy.** 부끄러워하지 마라.

**Quiz** 위의 빈칸을 채워 보세요.

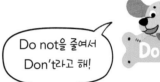 

Do not을 줄여서 Don't라고 해!

**3** **명령할 때 문장 맨 앞이나 뒤에 please를 쓰면 예의 바른 표현이 돼요.**

**Please** **sit down.** 앉으세요.          **Be quiet,** **please.** 조용히 하세요.

**Grammar Tips**

명령문에서는 왜 주어를 쓰지 않을까요? 그 이유는 말하는 사람과 말을 듣는 상대방 모두가 '~해라'라고 말하는 대상이 You(너)라는 것을 알고 있기 때문이에요.

나 말이야?

그럼 너 말고 또 누가 있어?

① Opens / (Open) the window. 창문을 열어라.

② Gets / Get up early in the morning. 아침에 일찍 일어나라.

③ Closes / Close the door. 문을 닫아라.

④ Be / Is kind. 친절해라.

⑤ Not / Don't drink it. 그것을 마시지 마라.

⑥ Don't / No run too fast. 너무 빨리 달리지 마라.

⑦ Do / Don't tell a lie. 거짓말하지 마라.

⑧ Don't / Do be shy. 부끄러워하지 마라.

**Words** window 창문 | get up 일어나다 | in the morning 아침에 | door 문 | drink 마시다 |
fast 빨리 | tell a lie 거짓말하다 | shy 부끄러워하는

① 너는 / 읽는다 / 많은 책들을.

You read many books.

읽어라 / 많은 책들을.

_____Read_____ many books.

② 너는 / 이다 / 친절한.

You are kind.

친절해라.

_____ kind.

③ 너는 / 청소한다 / 너의 방을.

You clean your room.

청소해라 / 너의 방을.

_____ your room.

④ 달려라 / 빨리.

Run fast.

달리지 마라 / 빨리.

_____ run fast.

⑤ 닫아라 / 창문을.

_____ the window.

닫지 마라 / 창문을.

_____ close the window.

⑥ 마셔라 / 이 물을.

_____ this water.

마시지 마라 / 이 물을.

_____ drink this water.

**Words**  read 읽다 | clean 청소하다 | close 닫다 | window 창문 | drink 마시다 | water 물

① G o to your room. 너의 방으로 가라.

② Lis _____ carefully. 주의 깊이 들어라.

③ G _____ up early. 일찍 일어나라.

④ Dr _____ this juice. 이 주스를 마셔라.

⑤ Be quiet, ple _____. 조용히 하세요.

⑥ _____ be late for school. 학교에 지각하지 마라.

⑦ _____ kind to others. 다른 사람들에게 친절해라.

⑧ _____ eat too much ice cream.

아이스크림을 너무 많이 먹지 마라.

**Words** listen 듣다 | carefully 조심스럽게, 신중히 | early 일찍 | juice 주스 | quiet 조용한 |
be late for school 학교에 지각하다 | others 다른 사람들 | eat 먹다

① <u>Are</u> happy. 행복해라.

→ **Be happy.**

② <u>Looks</u> at that bird. 저 새를 봐.

→

③ <u>Opened</u> the window. 창문을 열어라.

→

④ <u>Not</u> run in the classroom. 교실에서 뛰지 마라.

→

⑤ <u>Gets</u> up early. 일찍 일어나라.

→

⑥ Don't <u>telling</u> a lie. 거짓말하지 마라.

→

⑦ Don't <u>uses</u> your phone. 너의 휴대폰을 사용하지 마라.

→

⑧ <u>Doesn't</u> go outside. 밖에 나가지 마라.

→

 **Words**  look at ~을 보다 | in the classroom 교실에서 | get up 일어나다 | tell 말하다 | lie 거짓말 | use 사용하다 | phone 휴대폰 | outside 밖

From 'The Adventures of Tom Sawyer' (톰 소여의 모험)

**? Quiz** 해적 옷을 입은 톰이 친구들에게 무슨 말을 했는지 고르세요.

• **Let's go!** (　　) • **Let's play pirates!** (　　)

해석 해적 놀이하자! / 좋아. 가자! / 와우! 너무 신난다.

**1** '~하자'라고 말할 때는 주어(You) 없이 동사 앞에 Let's를 붙여요.

~~You~~ Let's **go now.** 지금 가자.

~~You~~ Let's **play soccer.** 축구 하자.

~~You~~ Let's **sing a song together.** 함께 노래 부르자.

**2** Let's 뒤에 오는 동사는 원래 모양 그대로 **사용해요.**

Let's reads books. (✕)   Let's read **books.** 책을 읽자. (○)

Let's watches TV. (✕)   Let's watch **TV.** TV를 보자. (○)

그냥 쓰면 되니까 편하네~

**3** '~하지 말자'라고 말할 때는 동사 앞에 Let's not을 붙여요.

Let's not **go now.** 지금 가지 말자.

Let's not **watch TV.** TV 보지 말자.

Let's _____ **play basketball.** 농구 하지 말자.

**? Quiz** 위의 빈칸을 채워 보세요.

**! Grammar Tips**

Let's는 Let us의 줄임말이지만 뜻은 완전히 다르니 주의하세요!

- **Let's go.** 가자.
- **Let us go.** 우리를 가게 해줘. / 우릴 보내줘.

줄임말이라고 다 뜻이
같은 건 아니구나!

① **(Let's)** / Let's not go to the gym. 체육관에 가자.

② Let's / Let's not do homework. 숙제를 하자.

③ Let's / Let's not have lunch now. 지금 점심 먹지 말자.

④ Let's / Let's not watch TV. TV 보지 말자.

⑤ Let's / Let's not get on the bus. 버스 타자.

⑥ Let's / Let's not play basketball on a rainy day.

비 오는 날에 농구를 하지 말자.

⑦ Let's / Let's not play the cello together.

함께 첼로를 연주하자.

⑧ Let's / Let's not buy this pen. 이 펜을 사지 말자.

**words** gym 체육관 | do homework 숙제를 하다 | have lunch 점심 식사를 하다 | now 지금 |
get on 올라타다 | rainy 비가 오는 | buy 사다

① 가자 / 공원에.

Let's go to the park.

가지 말자 / 공원에.

Let's __not__ go to the park.

④ 보자 / TV를.

Let's watch TV.

보지 말자 / TV를.

Let's _____ watch TV.

② 씻자 / 우리의 손을.

Let's wash our hands.

씻지 말자 / 우리의 손을.

_____ _____ wash our hands.

⑤ 부르자 / 노래를.

_____ sing a song.

춤을 추자 / 함께.

_____ dance together.

③ 연주하자 / 피아노를.

_____ play the piano.

하지 말자 / 축구를.

_____ _____ play soccer.

⑥ 말하자 / 영어를.

_____ speak English.

말하지 말자 / 영어를.

_____ _____ speak English.

**Words** park 공원 | wash one's hands 손을 씻다 | sing 노래하다 | dance 춤추다 | speak 말하다

채워 쓰기   우리말 뜻을 보고 빈칸을 채워 문장을 완성하세요.

① **Let's** play pirates. 해적 놀이하자.

② ____ clean the room. 방을 청소하자.

③ Let's ____ play baseball. 야구하지 말자.

④ Let's ____ play the piano. 피아노를 연주하지 말자.

⑤ ____ not go to the park now. 지금 공원에 가지 말자.

⑥ ____ be happy. 행복하자.

⑦ ____ ____ sing at night. 밤에 노래 부르지 말자.

⑧ ____ get up early tomorrow. 내일 일찍 일어나자.

**Words**  pirate 해적 | clean one's room 방을 청소하다 | baseball 야구 | park 공원 | now 지금 | happy 행복한 | sing 노래하다 | night 밤 | get up 일어나다

① Let's <u>walks</u> together. 함께 걷자.

→ Let's walk together.

② <u>Wash let's</u> our hands. 우리의 손을 씻자.

→

③ <u>Let</u> study English. 영어를 공부하자.

→

④ Let's <u>goes</u> to the zoo. 동물원에 가자.

→

⑤ <u>Let</u> not watch a movie. 영화 보지 말자.

→

⑥ <u>Brush let's</u> our teeth. 우리의 이를 닦자.

→

⑦ Let's <u>plays</u> baseball now. 지금 야구하자.

→

⑧ <u>Not let's get</u> on the bus. 버스 타지 말자.

→

**Words**  walk 걷다 | hand 손 | zoo 동물원 | movie 영화 | brush one's teeth 이를 닦다 |
get on 올라타다 | bus 버스

**Review** 지금까지 배운 것을 복습해봐요!

## There is / are

There + is / are + 주어

There is **a vase.**    There are **six caps.**

## 명령문

Open **the window.**

Be **quiet.**

Don't **tell a lie.**

## 제안문

Let's **play the cello.**

Let's **be happy.**

**1** 다음 중 밑줄 친 부분이 <u>잘못된</u> 것을 고르세요.

❶ There <u>is</u> a doll in the room.

❷ There <u>are</u> my cousins at the park.

❸ <u>Is</u> there a phone on the desk?

❹ There <u>not are</u> any pandas in the zoo.

❺ <u>Are</u> there any chairs in the classroom?

[2-4] 다음 빈칸에 들어갈 말을 고르세요.

**2**

_____ go outside.

❶ Are  ❷ Be  ❸ Don't

❹ Play  ❺ Is

**3**

_____ kind to your little brother.

❶ Is  ❷ Am  ❸ Are

❹ Be  ❺ Do

**4**

_____ brush our teeth.

❶ Not  ❷ Let's  ❸ Be

❹ Does  ❺ Are

**5** 다음 괄호 안에서 알맞은 말을 고르세요.

❶ There ( is / are ) many stars in the sky.

❷ There ( is / are ) a rabbit.

❸ There ( is / are ) four students in the classroom.

❹ There ( is / are ) a tiger in the zoo.

**6** 다음 우리말 뜻을 보고 보기의 단어를 이용하여 알맞은 말을 쓰세요.

| Go | Study | Get up | Open |
|----|-------|--------|------|

❶ _____ English hard. 영어를 열심히 공부해라.

❷ _____ the door. 문을 열어라.

❸ _____ to your classroom. 너의 교실로 가라.

❹ _____ early. 일찍 일어나라.

**7** 다음 우리말 뜻을 보고 빈칸에 알맞은 말을 쓰세요.

❶ Do _____ drink the milk. 그 우유를 마시지 마라.

❷ _____ play baseball tomorrow. 내일 야구하자.

❸ _____ there any coins in your pocket? 너의 주머니에 동전이 있니?

❹ _____ run too fast. 너무 빨리 달리지 마라.

**8** 다음 밑줄 친 부분을 바르게 고쳐 쓰세요.

❶ <u>Looks</u> at those birds. → _____

❷ <u>Opened</u> the window. → _____

**9** 다음 그림을 보고 빈칸에 알맞은 말을 쓰세요.

❶ 
_____ watch TV.

❷ 
There _____ a vase.

❸ 
There _____ any leaves.

❹ 
_____ quiet.

**10** 다음 문장을 부정문으로 바꿔 쓰세요.

❶ Let's study English.

→ _____

❷ Let's clean our room.

→ _____

# memo

# memo

# memo

# 영어 읽기 자신감을 키워주는
# 영단어 학습법

## <진짜 진짜 사이트 워드>가 꼭 필요한 이유

**1** 영어책 읽기가 쉬워져요
영어책에 자주 등장해 사용빈도가 높은 사이트 워드를
알아야 책을 술술 읽을 수 있어요

**2** 문장으로 익혀요
단순 암기는 그만!
문장 속에서 사이트 워드의 쓰임새를 자연스럽게 이해해요

**3** 액티비티로 영어 실력을 높여요
다양한 연습문제, 신나는 챈트와 보드게임 등으로
재미있게 학습해요

초등 영문법 4번 쓰다 보면 문법이 보인다

진짜진짜

쓰기

문법

BASIC 2

Workbook

SISO Study

초등 영문법

4번 쓰다 보면 문법이 보인다

진 짜 진 짜

쓰기
문법

BASIC 2

Workbook

# Unit 1 형용사+명사

**1** 주어진 단어가 형용사이면 체크(✓) 하세요.

| | | | |
|---|---|---|---|
| ① white 하얀 | ✓ | ⑦ car 자동차 | |
| ② apple 사과 | | ⑧ new 새로운 | |
| ③ long 긴 | | ⑨ eat 먹다 | |
| ④ sleepy 졸린 | | ⑩ sad 슬픈 | |
| ⑤ run 달리다 | | ⑪ blue 파란 | |
| ⑥ kind 친절한 | | ⑫ desk 책상 | |

**2** 우리말 뜻과 같도록 보기에서 알맞은 말을 골라 쓰세요.

보기

| new 새로운 | pretty 예쁜 | red 빨간, 빨간색의 |
| dirty 더러운 | big 큰 | tall 키가 큰 |

① It is a ____big____ dog. 그것은 큰 개다.

② This is a _____ book. 이것은 새 책이다.

③ He is a _____ man. 그는 키가 큰 남자다.

④ She has a _____ smile. 그녀는 예쁜 미소를 가지고 있다.

⑤ I like _____ apples. 나는 빨간 사과를 좋아한다.

⑥ They have _____ shoes. 그들은 더러운 신발을 가지고 있다.

# Unit 2 be동사 + 형용사

**1** 문장에서 형용사를 찾아 동그라미 하세요.

① The puppy is (cute). 그 강아지는 귀엽다.

② This flower is beautiful. 이 꽃은 아름답다.

③ They are happy. 그들은 행복하다.

④ The actress is popular. 그 여배우는 인기 있다.

⑤ The girl is polite. 그 소녀는 예의 바르다.

⑥ The umbrellas are new. 그 우산들은 새것들이다.

⑦ These are nice sunglasses. 이것들은 멋진 선글라스다.

⑧ My teacher is angry. 나의 선생님은 화가 나셨다.

**2** 주어진 문장을 보기처럼 바꿔 쓰세요.

He is a kind doctor. → The doctor is kind.

① It is a small cat. 그것은 작은 고양이다.

→ The cat _____is small_____ .

② They are polite boys. 그들은 예의 바른 소년들이다.

→ The boys _____ .

③ She is a famous actress. 그녀는 유명한 여배우다.

→ The actress _____ .

④ It is a high mountain. 그것은 높은 산이다.

→ The mountain _____ .

⑤ He is a tall boy. 그는 키가 큰 소년이다.

→ The boy _____ .

⑥ Those are new books. 그것들은 새 책들이다.

→ The books _____ .

**1** 문장에서 부사를 찾아 동그라미 하세요.

① He helps me (kindly.) 그는 나를 친절하게 도와준다.

② She sings loudly. 그녀는 큰 소리로 노래한다.

③ He solves the problem easily. 그는 그 문제를 쉽게 푼다.

④ The gloves are too small for me. 그 장갑은 나에게 너무 작다.

⑤ They smile happily. 그들은 행복하게 웃는다.

⑥ The ball is very big. 그 공은 매우 크다.

⑦ The babies cry sadly. 그 아기들은 슬프게 운다.

⑧ Tom eats slowly. Tom은 느리게 먹는다.

**2** 주어진 형용사를 부사로 바꿔 쓰세요.

① happy ▶ They live ___happily___.
그들은 행복하게 산다.

② quiet ▶ We speak _____.
우리는 조용히 말한다.

③ sad ▶ He cries _____.
그는 슬프게 운다.

④ slow ▶ She runs _____.
그녀는 느리게 달린다.

⑤ kind ▶ My teacher speaks _____.
나의 선생님은 친절하게 말씀하신다.

⑥ easy ▶ He reads the book _____.
그는 그 책을 쉽게 읽는다.

⑦ quick ▶ The children swim _____.
그 아이들은 빠르게 수영한다.

⑧ loud ▶ The boys sing _____.
그 소년들은 큰 소리로 노래한다.

1 그림을 보고 알맞은 것을 고르세요.

①  at / on / (in) March 3월에

② 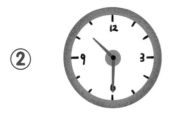 at / on / in 10:30 10시 30분에

③  at / on / in Friday 금요일에

④ 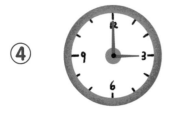 at / on / in 3 o'clock 3시 정각에

⑤  at / on / in May 2nd 5월 2일에

⑥  at / on / in summer 여름에

**2** 우리말 뜻과 같도록 보기에서 알맞은 말을 골라 쓰세요.

보기
on        under        in

① The box is _____under_____ the chair.
상자가 의자 아래에 있다.

② The apples are _____ the basket.
사과들이 바구니 안에 있다.

③ My dog is _____ the sofa.
내 개는 소파 위에 있다.

④ The books are _____ my bag.
책들은 내 가방 안에 있다.

⑤ There are shoes _____ the bed.
침대 아래에 신발들이 있다.

⑥ The boy is _____ his room.
그 소년은 그의 방 안에 있다.

⑦ There is a cup _____ the table.
식탁 위에 컵이 있다.

⑧ The children are _____ the tree.
그 아이들은 나무 아래에 있다.

1 문장에서 형용사를 찾아 동그라미 하세요.

❶ These flowers are (beautiful). 이 꽃들은 아름답다.

❷ The children are sleepy. 그 아이들은 졸리다.

❸ She is a smart student. 그녀는 똑똑한 학생이다.

❹ The river is long. 그 강은 길다.

❺ It is an easy question. 그것은 쉬운 질문이다.

❻ This horse is fat. 이 말은 뚱뚱하다.

❼ Sam is a tall boy. Sam은 키가 큰 소년이다.

❽ My dad has a black car. 내 아빠는 검정색 차가 있다.

**2** 알맞은 것을 골라 문장을 완성하세요.

❶ Jason swims | quick / (quickly) |. Jason은 빠르게 수영한다.

❷ He smiles | happily / happy |. 그는 행복하게 웃는다.

❸ We are | real / really | hungry. 우리는 정말로 배가 고프다.

❹ Sally speaks | quietly / quiet |. Sally는 조용히 말한다.

❺ They cry | sad / sadly |. 그들은 슬프게 운다.

❻ The girl laughs | loud / loudly |. 그 소녀는 큰 소리로 웃는다.

❼ The turtle moves | slowly / slow |. 그 거북이는 느리게 움직인다.

❽ She is | very / verily | kind. 그녀는 매우 친절하다.

**3** 빈칸에 들어갈 알맞은 말을 고르고 문장을 다시 쓰세요.

❶ We go to church ⬜⬜⬜  ☐ at Sunday.
☑ on Sunday.
우리는 일요일에 교회에 간다.

❷ Flowers grow ⬜⬜⬜  ☐ in spring.
☐ at spring.
꽃들은 봄에 자란다.

❸ The cat is ⬜⬜⬜  ☐ on the bed.
☐ in the bed.
고양이가 침대 위에 있다.

❹ My birthday is ⬜⬜⬜  ☐ in May.
☐ on May.
내 생일은 5월이다.

문장을 써보세요

❶ We go to church on Sunday.

❷

❸

❹

12

**4** 주어진 단어를 순서대로 배치하여 문장을 완성하세요.

❶ 그들은 매우 행복하다.

| very | are | They | happy |
|---|---|---|---|
| They | are | very | happy |

.

❷ 그녀는 7시에 일어난다.

| She | 7:00 | gets up | at |
|---|---|---|---|
| | | | |

.

❸ 나는 빨간 사과를 좋아한다.

| like | I | apples | red |
|---|---|---|---|
| | | | |

.

❹ 우리는 여름에 수영한다.

| summer | swim | in | We |
|---|---|---|---|
| | | | |

.

❺ 그 개가 책상 아래에 있다.

| under | The dog | the desk | is |
|---|---|---|---|
| | | | |

.

❻ 그는 우리를 친절하게 도와준다.

| He | kindly | us | helps |
|---|---|---|---|
| | | | |

.

**1**   알맞은 것을 골라 문장을 완성하세요.

① She can (speak / speaks) Spanish. 그녀는 스페인어를 말할 수 있다.

② My brother cans / can drive. 내 형은 운전할 수 있다.

③ I play can / can play the guitar. 나는 기타를 연주할 수 있다.

④ We can dances / dance ballet. 우리는 발레를 출 수 있다.

⑤ They can swim / swim can fast. 그들은 빠르게 수영할 수 있다.

⑥ Judy can rides / ride a bike. Judy는 자전거를 탈 수 있다.

⑦ The bird fly can / can fly high. 그 새는 높이 날 수 있다.

⑧ I can jump / jumps very high. 나는 매우 높이 뛸 수 있다.

**2** 우리말 뜻과 같도록 보기의 단어와 can을 이용해 쓰세요.

보기

run 달리다          write 쓰다          sing 노래하다
climb 오르다        speak 말하다       make 만들다

① He ___**can**___ ___**make**___ cookies.
그는 쿠키를 만들 수 있다.

② She _____ _____ fast.
그녀는 빠르게 달릴 수 있다.

③ Tom _____ _____ Russian.
Tom은 러시아어를 말할 수 있다.

④ My sister _____ _____ her name.
내 여동생은 그녀의 이름을 쓸 수 있다.

⑤ I _____ _____ well.
나는 노래를 잘할 수 있다.

⑥ We _____ _____ a tree.
우리는 나무를 오를 수 있다.

**1** 알맞은 것을 골라 문장을 완성하세요.

① She   will goes / (will go)   to school tomorrow.

그녀는 내일 학교에 갈 것이다.

② They will   study / studies   English.

그들은 영어를 공부할 것이다.

③ We   watch will / will watch   TV after dinner.

우리는 저녁 식사 후에 TV를 볼 것이다.

④ It   be will / will be   sunny tomorrow.

내일은 화창할 것이다.

⑤ They will   play / plays   the cello together.

그들은 함께 첼로를 연주할 것이다.

⑥ I   help will / will help   my dad.

나는 내 아빠를 도울 것이다.

⑦ Jerry   will be / will is   10 years old next week.

Jerry는 다음 주에 10살이 될 것이다.

⑧ She   will play / play will   soccer with her friends.

그녀는 그녀의 친구들과 축구를 할 것이다.

**2** 우리말 뜻과 같도록 보기의 단어와 will을 이용해 쓰세요.

보기
| | | |
|---|---|---|
| sleep 자다 | go 가다 | buy 사다 |
| play 연주하다 | meet 만나다 | study 공부하다 |

① My brother ___will___ ___study___ science.
내 남동생은 과학을 공부할 것이다.

② We _____ _____ our friends tomorrow.
우리는 내일 우리의 친구들을 만날 것이다.

③ She _____ _____ the violin.
그녀는 바이올린을 연주할 것이다.

④ They _____ _____ new shoes.
그들은 새로운 신발들을 살 것이다.

⑤ I _____ _____ at 10 p.m.
나는 밤 10시에 잘 것이다.

⑥ He _____ _____ to the library.
그는 그 도서관에 갈 것이다.

**1** 우리말 뜻과 같도록 알맞은 것을 고르세요.

① We can / **can't** speak Chinese. 우리는 중국어를 말할 수 없다.

② I can't / not can ride a bike. 나는 자전거를 탈 수 없다.

③ She can't ski / ski can't . 그녀는 스키를 탈 수 없다.

④ They can / cannot drive a car. 그들은 차를 운전할 수 없다.

⑤ He will / will not do his homework.

그는 그의 숙제를 하지 않을 것이다.

⑥ I won't / will play computer games.

나는 컴퓨터 게임을 하지 않을 것이다.

⑦ Jerry go won't / won't go to the library.

Jerry는 그 도서관에 가지 않을 것이다.

⑧ She will not / not will clean her room.

그녀는 그녀의 방을 청소하지 않을 것이다.

**2** 주어진 문장을 부정문으로 바꿔 쓰세요.

① This bird can fly. 이 새는 하늘을 날 수 있다.

→ This bird _____**can't fly**_____.

② Tom can run fast. Tom은 빨리 달릴 수 있다.

→ Tom _____ fast.

③ We can speak Spanish. 우리는 스페인어를 말할 수 있다.

→ We _____ Spanish.

④ She can play the guitar. 그녀는 기타를 연주할 수 있다.

→ She _____ the guitar.

⑤ I will study math. 나는 수학을 공부할 것이다.

→ I _____ math.

⑥ It will be hot tomorrow. 내일은 더울 것이다.

→ It _____ hot tomorrow.

⑦ He will play baseball after school. 그는 방과 후에 야구를 할 것이다.

→ He _____ baseball after school.

⑧ They will see a movie tonight. 그들은 오늘 밤에 영화를 볼 것이다.

→ They _____ a movie tonight.

**1** 주어진 문장을 의문문으로 바꿔 쓰세요.

① She can run fast. 그녀는 빠리 달릴 수 있다.

➡ _____Can she run_____ fast?

② Tony can ride a bike. Tony는 자전거를 탈 수 있다.

➡ _____ a bike?

③ You can make pizza. 너는 피자를 만들 수 있다.

➡ _____ pizza?

④ He can write Korean. 그는 한국어를 쓸 수 있다.

➡ _____ Korean?

⑤ Jerry will invite us. Jerry는 우리를 초대할 것이다.

➡ _____ us?

⑥ They will read books. 그들은 책을 읽을 것이다.

➡ _____ books?

⑦ She will come back. 그녀는 돌아올 것이다.

➡ _____ back?

⑧ It will rain tomorrow. 내일은 비가 올 것이다.

➡ _____ tomorrow?

**2** 빈칸을 채워 대화를 완성하세요.

① A: Can they speak Spanish? 그들은 스페인어를 말할 수 있니?

   B: Yes, they _____can_____.

② A: Can you fix the computer? 너는 그 컴퓨터를 고칠 수 있니?

   B: No, I _____.

③ A: Can she drink coffee? 그녀는 커피를 마실 수 있니?

   B: _____, she can.

④ A: Will you buy this bag? 너는 이 가방을 살 거니?

   B: No, I _____.

⑤ A: Will it snow tomorrow? 내일 눈이 올 거니?

   B: Yes, _____ _____.

⑥ A: Will he do the dishes? 그는 설거지를 할 거니?

   B: Yes, _____ _____.

1 알맞은 것을 골라 문장을 완성하세요.

❶ Judy can [ rides / (ride) ] a bike. Judy는 자전거를 탈 수 있다.

❷ It [ be will / will be ] sunny tomorrow. 내일은 화창할 것이다.

❸ We can [ climb / climbs ] a tree. 우리는 나무를 오를 수 있다.

❹ He [ will studies / will study ] science. 그는 과학을 공부할 것이다.

❺ I will [ watch / watches ] a movie. 나는 영화를 볼 것이다.

❻ She [ can jump / jump can ] high. 그녀는 높이 뛸 수 있다.

❼ You can [ plays / play ] the violin. 너는 바이올린을 연주할 수 있다.

❽ They [ will buy / buy will ] some flowers. 그들은 꽃을 조금 살 것이다.

**2** 우리말 뜻과 같도록 빈칸에 알맞은 말을 쓰세요.

❶ She [ won't ] go to the museum. 그녀는 그 박물관에 가지 않을 것이다.

❷ He [ ] fix his computer. 그는 그의 컴퓨터를 고칠 수 없다.

❸ Jenny [ ] speak Chinese. Jenny는 중국어를 말할 수 없다.

❹ I [ ] swim in the sea. 나는 바다에서 수영할 수 없다.

❺ We [ ] leave here. 우리는 여기를 떠나지 않을 것이다.

❻ Tim [ ] clean his room. Tim은 그의 방을 청소하지 않을 것이다.

❼ The boys [ ] run fast. 그 소년들은 빠르게 달릴 수 없다.

❽ They [ ] play soccer. 그들은 축구를 하지 않을 것이다.

**3** 빈칸에 들어갈 알맞은 말을 고르고 문장을 다시 쓰세요.

❶ [_____] a car?

그는 차를 운전할 수 있니?

☑ Can he drive
☐ Can he drives

❷ [_____] to the zoo?

너는 동물원에 갈 거니?

☐ Will you goes
☐ Will you go

❸ [_____] the piano?

그녀는 피아노를 연주할 거니?

☐ Will she play
☐ She will play

❹ [_____] Korean?

그는 한국어를 쓸 수 있니?

☐ He can write
☐ Can he write

문장을 써보세요

❶  Can he drive a car?

❷  

❸  

❹

**4** 주어진 단어를 순서대로 배치하여 문장을 완성하세요.

❶ 그는 빠르게 달릴 수 없다.

| run | He | fast | can't |
|---|---|---|---|
| He | can't | run | fast |

.

❷ 우리는 영어를 공부할 것이다.

| study | will | English | We |
|---|---|---|---|
| | | | |

.

❸ 너는 자전거를 탈 수 있니?

| you | ride | Can | a bike |
|---|---|---|---|
| | | | |

?

❹ 그 소녀들은 피자를 먹지 않을 것이다.

| won't | pizza | The girls | eat |
|---|---|---|---|
| | | | |

.

❺ 그들은 야구를 할 수 있다.

| They | baseball | play | can |
|---|---|---|---|
| | | | |

.

❻ 그녀는 이 책을 살 거니?

| Will | buy | this book | she |
|---|---|---|---|
| | | | |

?

**1** 알맞은 것을 골라 문장을 완성하세요.

① The man (was)/ were  a firefighter. 그 남자는 소방관이었다.

② Jerry and Tom  wasn't / weren't  sad yesterday.

Jerry와 Tom은 어제 슬프지 않았다.

③ We  was / were  short. 우리는 키가 작았다.

④  Was / Were  she 9 years old last year? 그녀는 지난해에 9살이었니?

⑤ The car  wasn't / weren't  new. 그 차는 새것이 아니었다.

⑥ She  was / were  my English teacher. 그녀는 나의 영어 선생님이었다.

⑦  Was / Were  they dentists? 그들은 치과 의사들이었니?

⑧  Was / Were  he your friend? 그는 너의 친구였니?

2  우리말 뜻과 같도록 보기에서 알맞은 말을 골라 쓰세요.

보기

was        weren't        wasn't        were

① My parents ___were___ teachers. 내 부모님은 선생님들이셨다.

② _____ she happy yesterday? 그녀는 어제 행복했니?

③ He _____ an actor. 그는 배우가 아니었다.

④ You _____ my best friend. 너는 나의 가장 친한 친구였다.

⑤ _____ they soccer players? 그들은 축구 선수들이었니?

⑥ It _____ my puppy. 그것은 나의 강아지였다.

⑦ We _____ tired. 우리는 피곤하지 않았다.

⑧ I _____ tall last year. 나는 지난해에 키가 크지 않았다.

**1** 다음 동사의 과거형을 쓰세요.

| | 동사 | 과거형 | | 동사 | 과거형 |
|---|---|---|---|---|---|
| ① | like | ▶ **liked** | ⑦ | look | ▶ |
| ② | study | ▶ | ⑧ | dance | ▶ |
| ③ | walk | ▶ | ⑨ | marry | ▶ |
| ④ | cry | ▶ | ⑩ | help | ▶ |
| ⑤ | play | ▶ | ⑪ | love | ▶ |
| ⑥ | watch | ▶ | ⑫ | wash | ▶ |

**2** 주어진 단어를 이용해 빈칸에 알맞은 과거형을 쓰세요.

① **watch** ▶ He ___watched___ a movie. 그는 영화를 봤다.

② **cry** ▶ I _____ sadly. 나는 슬프게 울었다.

③ **dance** ▶ Tom and Mary _____ together.
Tom과 Mary는 함께 춤을 췄다.

④ **study** ▶ They _____ English yesterday.
그들은 어제 영어를 공부했다.

⑤ **walk** ▶ We _____ around the park.
우리는 공원 주변을 걸었다.

⑥ **love** ▶ Chris _____ Sally very much.
Chris는 Sally를 매우 사랑했다.

⑦ **help** ▶ I _____ my friends.
나는 내 친구들을 도왔다.

⑧ **play** ▶ She _____ basketball yesterday.
그녀는 어제 농구를 했다.

# Unit 3 일반동사의 과거형 ②

**1** 다음 동사의 과거형을 쓰세요.

| | 동사 | 과거형 | | 동사 | 과거형 |
|---|---|---|---|---|---|
| ① | give | gave | ⑦ | come | |
| ② | do | | ⑧ | drink | |
| ③ | cut | | ⑨ | eat | |
| ④ | see | | ⑩ | read | |
| ⑤ | make | | ⑪ | go | |
| ⑥ | get | | ⑫ | have | |

**2** 주어진 단어를 이용해 빈칸에 알맞은 과거형을 쓰세요.

① make ▶ Mom ____**made**____ a big cake.
엄마는 큰 케이크를 만드셨다.

② get ▶ Jerry _____ an A on the test.
Jerry는 그 시험에서 A를 받았다.

③ hear ▶ They _____ the news.
그들은 그 소식을 들었다.

④ swim ▶ I _____ in the lake.
나는 그 호수에서 수영했다.

⑤ do ▶ We _____ our homework.
우리는 우리의 숙제를 했다.

⑥ write ▶ I _____ a letter to Mary.
나는 Mary에게 편지를 썼다.

⑦ give ▶ She _____ me a present.
그녀는 나에게 선물을 줬다.

⑧ come ▶ Dad _____ home early.
아빠는 일찍 들어오셨다.

**Unit 4** 일반동사 과거형의 부정문, 의문문

**1** 알맞은 것을 골라 문장을 완성하세요.

① He don't / (didn't) eat breakfast. 그는 아침을 먹지 않았다.

② I don't / didn't do my homework. 나는 내 숙제를 하지 않았다.

③ She didn't go / went to school. 그녀는 학교에 가지 않았다.

④ Amy didn't reads / read the book. Amy는 그 책을 읽지 않았다.

⑤ Jerry didn't play / play didn't soccer. Jerry는 축구를 하지 않았다.

⑥ He didn't like / liked vegetables. 그는 채소를 좋아하지 않았다.

⑦ They don't / didn't study math. 그들은 수학을 공부하지 않았다.

⑧ I didn't buy / buys the hat. 나는 그 모자를 사지 않았다.

**2** 주어진 문장을 의문문으로 바꿔 쓰세요.

① They played baseball. 그들은 야구를 했다.

→ ___Did they play___ baseball?

② You made this cake. 너는 이 케이크를 만들었다.

→ _____ this cake?

③ He went to the library. 그는 그 도서관에 갔다.

→ _____ to the library?

④ I ate too much food. 나는 음식을 너무 많이 먹었다.

→ _____ too much food?

⑤ She did her homework. 그녀는 그녀의 숙제를 했다.

→ _____ her homework?

⑥ Sam studied English. Sam은 영어를 공부했다.

→ _____ English?

⑦ He had a pencil. 그는 연필이 있었다.

→ _____ a pencil?

⑧ Pam played the guitar. Pam은 기타를 연주했다.

→ _____ the guitar?

1 빈칸에 was 또는 were를 쓰세요.

❶ Tom and I [ were ] best friends. Tom과 나는 가장 친한 친구들이었다.

❷ He [ ] a famous actor. 그는 유명한 배우였다.

❸ Sally [ ] short last year. Sally는 지난해에 키가 작았다.

❹ These [ ] his books. 이것들은 그의 책들이었다.

❺ It [ ] my puppy. 그것은 나의 강아지였다.

❻ You [ ] tired yesterday. 너는 어제 피곤했다.

❼ I [ ] 6 years old last year. 나는 지난해에 6살이었다.

❽ They [ ] doctors. 그들은 의사들이었다.

**2** 밑줄 친 부분을 바르게 고쳐 쓰세요.

❶ Tony <u>maked</u> this cake. → _____made_____

Tony가 이 케이크를 만들었다.

❷ We <u>watchd</u> a funny movie. → _____

우리는 재미있는 영화를 봤다.

❸ I <u>seed</u> her yesterday. → _____

나는 어제 그녀를 봤다.

❹ He <u>marryed</u> a beautiful lady. → _____

그는 아름다운 여성과 결혼했다.

❺ My dad <u>doed</u> the dishes. → _____

내 아빠는 설거지를 하셨다.

❻ He <u>loveed</u> her very much. → _____

그는 그녀를 매우 사랑했다.

❼ She <u>goed</u> to the park. → _____

그녀는 공원에 갔다.

❽ They <u>writed</u> a letter to Mary. → _____

그들은 Mary에게 편지를 썼다.

**3** 빈칸에 들어갈 알맞은 말을 고르고 문장을 다시 쓰세요.

**❶** Pam ☐ a nurse.

Pam은 간호사가 아니었다.

☑ was not
☐ were not

**❷** ☐ firefighters?

그들은 소방관들이었니?

☐ Was they
☐ Were they

**❸** The boys ☐ fat.

그 소년들은 뚱뚱하지 않았다.

☐ was not
☐ were not

**❹** ☐ a vet?

그는 수의사였니?

☐ Was he
☐ Were he

문장을 써보세요

**❶** Pam was not a nurse.

**❷**

**❸**

**❹**

**4 주어진 단어를 순서대로 배치하여 문장을 완성하세요.**

**❶** Sam은 조종사가 아니었다.

| Sam | not | a pilot | was |
|------|------|---------|---------|
| Sam | was | not | a pilot |
.

**❷** 너는 그 책을 읽었니?

| read | Did | you | the book |
|------|------|------|----------|
| | | | |
?

**❸** 그는 지우개를 가지고 있지 않았다.

| didn't | an eraser | He | have |
|--------|-----------|------|------|
| | | | |
.

**❹** 그녀는 학교에 갔니?

| she | to school | go | Did |
|------|-----------|------|------|
| | | | |
?

**❺** 그들은 배구를 했니?

| Did | volleyball | play | they |
|------|------------|------|------|
| | | | |
?

**❻** 나는 TV를 보지 않았다.

| TV | I | watch | did not |
|------|------|--------|---------|
| | | | |
.

**1** 그림을 보고 빈칸에 알맞은 말을 쓰세요.

①   **There is** a vase on the table.

탁자 위에 꽃병이 있다.

②   two books on the desk.

책상 위에 책 두 권이 있다.

③   many caps in the store.

가게에 많은 모자들이 있다.

④   a cat under the chair.

의자 아래에 고양이가 있다.

⑤   three boys in the gym.

체육관 안에 소년 세 명이 있다.

⑥   a pencil on the desk.

책상 위에 연필이 있다.

**2**  알맞은 것을 골라 문장을 완성하세요.

① There   is / (are)  many stars in the sky. 하늘에 많은 별들이 있다.

② There   is / are   a bag in my room. 내 방에 가방이 있다.

③ There   is / are   birds on the tree. 나무 위에 새들이 있다.

④ There   is / are   a wolf in the forest. 숲에 늑대가 있다.

⑤ There   is / are   two pens on the desk. 책상 위에 펜 두 개가 있다.

⑥ There   is / are   some water in the cup. 컵에 물이 조금 있다.

⑦ There   is / are   a house on the hill. 언덕 위에 집이 있다.

⑧ There   is / are   many countries in the world.
세계에는 많은 나라들이 있다.

**1** 알맞은 것을 골라 문장을 완성하세요.

① There (isn't)/ aren't a banana on the table.

식탁 위에 바나나가 없다.

② There isn't / aren't any people in the park.

공원에 사람들이 전혀 없다.

③ There isn't / aren't any milk in the cup.

컵에 우유가 전혀 없다.

④ There isn't / aren't a map on the wall.

벽에 지도가 없다.

⑤ There isn't / aren't any tigers in the zoo.

동물원에 호랑이들이 전혀 없다.

⑥ There isn't / aren't any leaves on the tree.

나무에 나뭇잎들이 전혀 없다.

⑦ There isn't / aren't a doll on the chair.

의자 위에 인형이 없다.

⑧ There isn't / aren't any cups in the kitchen.

부엌에 컵들이 전혀 없다.

**2** 주어진 문장을 의문문으로 바꿔 쓰세요.

① There is a dog on the sofa. 소파 위에 개가 있다.

➜ __Is there__ a dog on the sofa?

② There is an egg in the basket. 바구니에 달걀이 있다.

➜ _____ an egg in the basket?

③ There are parks in the town. 동네에 공원들이 있다.

➜ _____ any parks in the town?

④ There is a book on the chair. 의자 위에 책이 있다.

➜ _____ a book on the chair?

⑤ There are koalas in Australia. 호주에 코알라가 있다.

➜ _____ koalas in Australia?

⑥ There are pictures on the wall. 벽에 그림들이 있다.

➜ _____ any pictures on the wall?

⑦ There is a singer on the stage. 무대 위에 가수가 있다.

➜ _____ a singer on the stage?

⑧ There are pandas in the zoo. 동물원에 판다들이 있다.

➜ _____ any pandas in the zoo?

# Unit 3 명령문

**1** 빈칸에 들어갈 알맞은 말을 연결하세요.

| | | |
|---|---|---|
| ① ______ the door. 문을 열어라. | • | • Be |
| ② ______ quiet. 조용히 해라. | • | • Open |
| ③ ______ carefully. 주의 깊게 들어라. | • | • Don't |
| ④ ______ run too fast. 너무 빨리 뛰지 마라. | • | • Get |
| ⑤ ______ this water. 이 물을 마셔라. | • | • Listen |
| ⑥ ______ up early. 일찍 일어나라. | • | • Drink |

**2** 알맞은 것을 골라 문장을 완성하세요.

① (Don't)/ No   be shy. 부끄러워하지 마라.

② Are / Be   kind to others. 다른 사람들에게 친절해라.

③ Doesn't / Don't   talk loudly. 큰 소리로 말하지 마라.

④ Don't / Doesn't   be late for school. 학교에 지각하지 마라.

⑤ Look / Looks   at those birds. 저 새들 좀 봐.

⑥ No / Don't   use your phone. 너의 휴대폰을 사용하지 마라.

⑦ Reads / Read   many books. 책을 많이 읽어라.

⑧ Go / Goes   to your room. 너의 방으로 가라.

**Unit 4** 제안문

1  우리말 뜻과 같도록 알맞은 것을 고르세요.

① (Let's)/ Let's not  go to the zoo. 동물원에 가자.

② Let's  dance / dances  together. 함께 춤을 추자.

③ Let's  gets / get  on the bus. 버스를 타자.

④ Let's / Let's not  watch a movie. 영화를 보자.

⑤ Let's / Let's not  buy this pen. 이 펜을 사지 말자.

⑥ Let's  sings / sing  a song. 노래를 부르자.

⑦ Let's / Let's not  play the piano now.

지금 피아노를 연주하지 말자.

⑧ Let's not  play / plays  basketball on a rainy day.

비 오는 날에 농구하지 말자.

**2** 밑줄 친 부분을 바르게 고쳐 쓰세요.

① Let's <u>plays</u> tennis.  →  _____play_____

테니스를 치자.

② <u>Not let's</u> go to the park.  →  _____

공원에 가지 말자.

③ Let's <u>does</u> homework.  →  _____

숙제를 하자.

④ <u>Let</u> study English.  →  _____

영어를 공부하자.

⑤ Let's <u>cleaned</u> our room.  →  _____

우리의 방을 청소하자.

⑥ <u>Walk let's</u> together.  →  _____

함께 걷자.

⑦ Let's not <u>talks</u> loudly.  →  _____

큰 소리로 이야기하지 말자.

⑧ Let's <u>no</u> swim here.  →  _____

여기에서 수영하지 말자.

**1** 우리말 뜻과 같도록 보기 에서 알맞은 말을 골라 쓰세요.

보기        is        are        isn't        aren't

❶ There ___aren't___ any boxes in the room. 방에 상자들이 전혀 없다.

❷ There _____ a pen on the desk. 책상 위에 펜이 있다.

❸ There _____ some cookies on the dish.
접시 위에 쿠키가 조금 있다.

❹ _____ there a bed in your room? 너의 방에 침대가 있니?

❺ There _____ a book in the bag. 가방 안에 책이 없다.

❻ _____ there any parks in your town? 너의 동네에 공원이 있니?

❼ There _____ any eggs in the basket.
바구니에 달걀이 전혀 없다.

❽ There _____ a picture on the wall. 벽에 그림이 있다.

**2** 우리말 뜻과 같도록 빈칸에 알맞은 말을 쓰세요.

❶ | Let's | brush our teeth. 우리의 이를 닦자.

❷ | | open the window. 창문을 열지 마라.

❸ | | this juice. 이 주스를 마셔라.

❹ | | play the piano now. 지금 피아노를 연주하지 말자.

❺ | | watch TV. TV를 보자.

❻ | | your room now. 지금 너의 방을 청소해라.

❼ | | run in the classroom. 교실에서 뛰지 마라.

❽ | | quiet, please. 조용히 좀 해주세요.

**3** 빈칸에 들어갈 알맞은 말을 고르고 문장을 다시 쓰세요.

❶ [            ] many stars in the sky.    ☐ There is

하늘에 많은 별들이 있다.                        ☑ There are

❷ [            ] buy this pen.              ☐ Let's not

이 펜을 사지 말자.                              ☐ Let's

❸ [            ] go outside.                ☐ Do

밖으로 나가지 마라.                              ☐ Don't

❹ [            ] the door.                  ☐ Closes

문을 닫아라.                                     ☐ Close

문장을 써보세요

❶   There are many stars in the sky.

❷

❸

❹

**4** 주어진 단어를 순서대로 배치하여 문장을 완성하세요.

**①** 책상 위에 책이 있다.

| a book | on | There is | the desk |
|---|---|---|---|
| There is | a book | on | the desk |

.

**②** 첼로를 연주하자.

| Let's | the cello | play |
|---|---|---|
|  |  |  |

.

**③** 호주에 캥거루가 있니?

| in | Are there | kangaroos | Australia |
|---|---|---|---|
|  |  |  |  |

?

**④** 학교에 지각하지 마라.

| be | for school | late | Don't |
|---|---|---|---|
|  |  |  |  |

.

**⑤** 바구니 안에 사과가 없다.

| There isn't | the basket | an apple | in |
|---|---|---|---|
|  |  |  |  |

.

**⑥** 의자 아래에 고양이가 있니?

| a cat | under | the chair | Is there |
|---|---|---|---|
|  |  |  |  |

?

초등 영문법 · 4번 쓰다 보면 문법이 보인다

진짜진짜

쓰기
문법

BASIC
2

정답과 해설

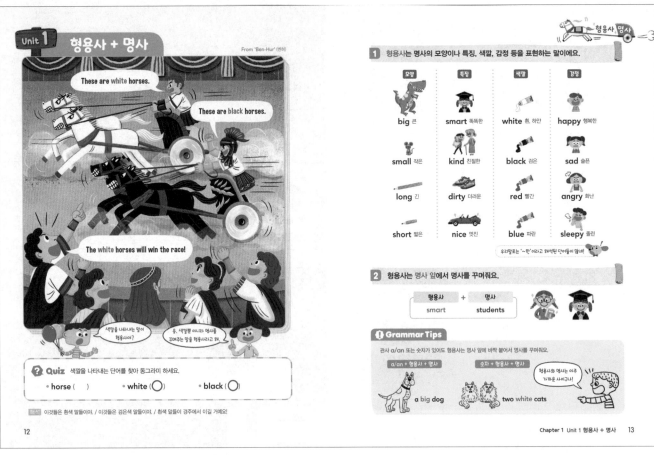

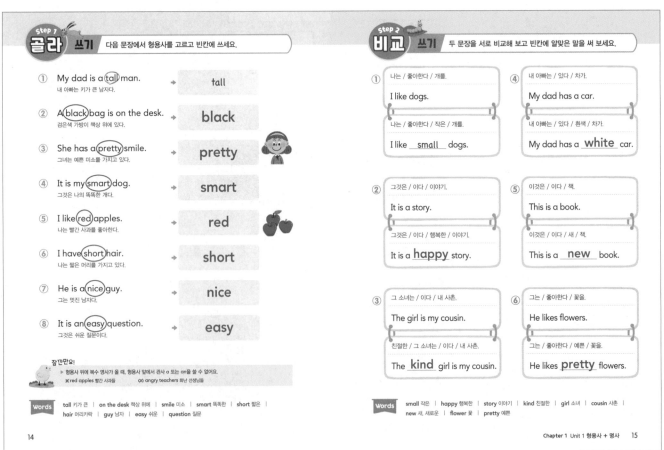

## Step 3 채워 쓰기 — 우리말 뜻을 보고 빈칸을 채워 문장을 완성하세요.

① She likes her r **ed** bag.

그녀는 그녀의 빨간색 가방을 좋아한다.

② I know the t **all** man.

나는 그 키 큰 남자를 안다.

③ Unicorns have a beauti **ful** horn.

유니콘들은 아름다운 뿔이 있다.

④ It is a pre **tty** flower.

그것은 예쁜 꽃이다.

⑤ He is a sma **rt** student.

그는 똑똑한 학생이다.

⑥ My **small** ring is on the desk.

나의 작은 반지는 책상 위에 있다.

⑦ My brother likes **short** pants.

나의 남동생은 짧은 바지를 좋아한다.

⑧ He has **long** hair.

그는 긴 머리를 가지고 있다.

**Words** tall 키가 큰 | man (성인) 남자 | unicorn 유니콘 | beautiful 아름다운 | horn 뿔 |
pretty 예쁜 | smart 똑똑한 | small 작은 | ring 반지 | short 짧은 | long (길이가) 긴

## Step 4 고쳐 쓰기 — 밑줄 친 부분을 바르게 고쳐 문장을 써 보세요.

① They have <u>shoes dirty</u>. 그들은 더러운 신발을 가지고 있다.

→ They have dirty shoes.

② The <u>singer pretty</u> is my friend. 그 예쁜 가수는 내 친구이다.

→ The pretty singer is my friend.

③ He is <u>kind a</u> boy. 그는 친절한 소년이다.

→ He is a kind boy.

④ This is a <u>watch black</u>. 이것은 검정색 시계다.

→ This is a black watch.

⑤ <u>Small two</u> cats are on the sofa. 작은 고양이 두 마리가 소파 위에 있다.

→ Two small cats are on the sofa.

⑥ They are <u>questions easy</u>. 그것들은 쉬운 질문들이다.

→ They are easy questions.

⑦ The <u>man tall</u> is my dad. 그 키 큰 남자는 내 아빠다.

→ The tall man is my dad.

⑧ I have <u>blue two</u> books. 나는 파란색 책 두 권이 있다.

→ I have two blue books.

**Words** dirty 더러운 | singer 가수 | kind 친절한 | on the sofa 소파 위에 | easy 쉬운 |
question 질문 | tall 키가 큰 | blue 파란

## Unit 2 — be동사 + 형용사

From 'The Hunchback Of Notre-Dame'
(노트르담의 꼽추)

? **Quiz** 밑줄로 꽁꽁 묶인 콰지모도의 상태를 설명해 주는 형용사에 동그라미 하세요.

해석 목이 말라요! / 자, 여기 물 좀 마셔요. / 그녀는 친절하군요.

be동사 ♪♬ 형용사

**1** 형용사는 be동사 뒤에서 주어를 더 자세히 설명해 줘요.

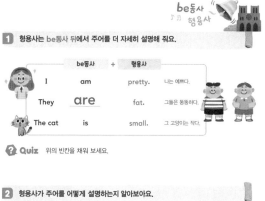

| | be동사 | + | 형용사 | |
|---|---|---|---|---|
| I | am | | pretty. | 나는 예쁘다. |
| They | are | | fat. | 그들은 뚱뚱하다. |
| The cat | is | | small. | 그 고양이는 작다. |

? **Quiz** 위의 빈칸을 채워 보세요.

**2** 형용사가 주어를 어떻게 설명하는지 알아봐요.

**Peter is** happy. Peter는 행복하다.

**Peter is** smart. Peter는 똑똑하다.

**Peter is** tall. Peter는 키가 크다.

나는 Peter야,
happy, smart, tall
모두 주어인 나를
설명하는 형용사들이지!

**Grammar Tips**

〈형용사 + 명사〉와 〈be동사 + 형용사〉를 다시 한번 비교해 보아요.

- a/an + 형용사 + 명사
  **It is a happy dog.**
  명사 앞에서
  명사를 꾸며주는 형용사

- be동사 + 형용사
  **The dog is happy.**
  be동사 뒤에서
  주어를 설명하는 형용사

# BASIC 2  정답과 해설

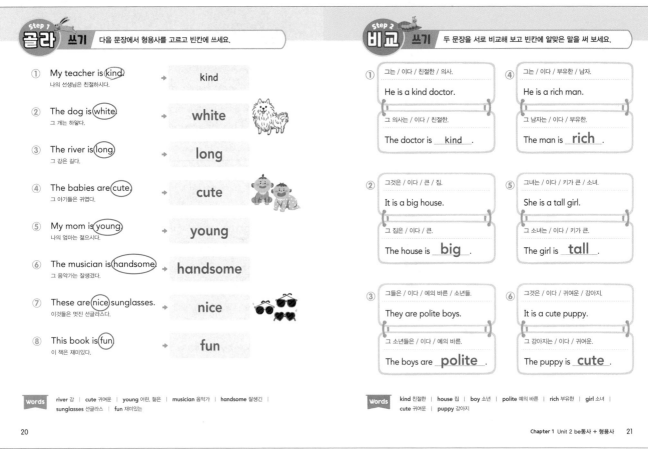

## Step 1 골라 쓰기 — 다음 문장에서 형용사를 고르고 빈칸에 쓰세요.

① My teacher is **kind**.
나의 선생님은 친절하시다.
→ kind

② The dog is **white**.
그 개는 하얗다.
→ white

③ The river is **long**.
그 강은 길다.
→ long

④ The babies are **cute**.
그 아기들은 귀엽다.
→ cute

⑤ My mom is **young**.
나의 엄마는 젊으시다.
→ young

⑥ The musician is **handsome**.
그 음악가는 잘생겼다.
→ handsome

⑦ These are **nice** sunglasses.
이것들은 멋진 선글라스다.
→ nice

⑧ This book is **fun**.
이 책은 재미있다.
→ fun

Words  river 강 | cute 귀여운 | young 어린, 젊은 | musician 음악가 | handsome 잘생긴 |
sunglasses 선글라스 | fun 재미있는

## Step 2 비교 쓰기 — 두 문장을 서로 비교해 보고 빈칸에 알맞은 말을 써 보세요.

① 그는 / 이다 / 친절한 / 의사.
He is a kind doctor.
그 의사는 / 이다 / 친절한.
The doctor is **kind**.

② 그것은 / 이다 / 큰 / 집.
It is a big house.
그 집은 / 이다 / 큰.
The house is **big**.

③ 그들은 / 이다 / 예의 바른 / 소년들.
They are polite boys.
그 소년들은 / 이다 / 예의 바른.
The boys are **polite**.

④ 그는 / 이다 / 부유한 / 남자.
He is a rich man.
그 남자는 / 이다 / 부유한.
The man is **rich**.

⑤ 그녀는 / 이다 / 키가 큰 / 소녀.
She is a tall girl.
그 소녀는 / 이다 / 키가 큰.
The girl is **tall**.

⑥ 그것은 / 이다 / 귀여운 / 강아지.
It is a cute puppy.
그 강아지는 / 이다 / 귀여운.
The puppy is **cute**.

Words  kind 친절한 | house 집 | boy 소년 | polite 예의 바른 | rich 부유한 | girl 소녀 |
cute 귀여운 | puppy 강아지

Chapter 1 Unit 2 be동사 + 형용사  21

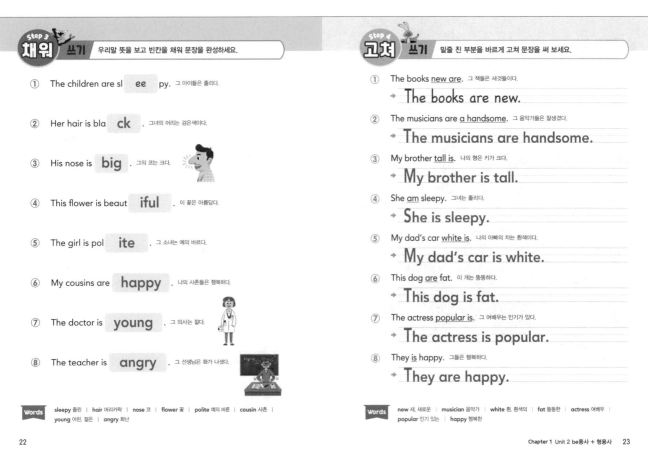

## Step 3 채워 쓰기 — 우리말 뜻을 보고 빈칸을 채워 문장을 완성하세요.

① The children are sl **ee** py. 그 아이들은 졸리다.

② Her hair is bla **ck**. 그녀의 머리는 검은색이다.

③ His nose is **big**. 그의 코는 크다.

④ This flower is beaut **iful**. 이 꽃은 아름답다.

⑤ The girl is pol **ite**. 그 소녀는 예의 바르다.

⑥ My cousins are **happy**. 나의 사촌들은 행복하다.

⑦ The doctor is **young**. 그 의사는 젊다.

⑧ The teacher is **angry**. 그 선생님은 화가 나셨다.

Words  sleepy 졸린 | hair 머리카락 | nose 코 | flower 꽃 | polite 예의 바른 | cousin 사촌 |
young 어린, 젊은 | angry 화난

## Step 4 고쳐 쓰기 — 밑줄 친 부분을 바르게 고쳐 문장을 써 보세요.

① The books <u>new are</u>. 그 책들은 새것들이다.
→ The books are new.

② The musicians are <u>a handsome</u>. 그 음악가들은 잘생겼다.
→ The musicians are handsome.

③ My brother <u>tall is</u>. 나의 형은 키가 크다.
→ My brother is tall.

④ She <u>am</u> sleepy. 그녀는 졸리다.
→ She is sleepy.

⑤ My dad's car <u>white is</u>. 나의 아빠의 차는 흰색이다.
→ My dad's car is white.

⑥ This dog <u>are</u> fat. 이 개는 뚱뚱하다.
→ This dog is fat.

⑦ The actress <u>popular is</u>. 그 여배우는 인기가 있다.
→ The actress is popular.

⑧ They <u>is</u> happy. 그들은 행복하다.
→ They are happy.

Words  new 새, 새로운 | musician 음악가 | white 흰, 흰색의 | fat 뚱뚱한 | actress 여배우 |
popular 인기 있는 | happy 행복한

Chapter 1 Unit 2 be동사 + 형용사  23

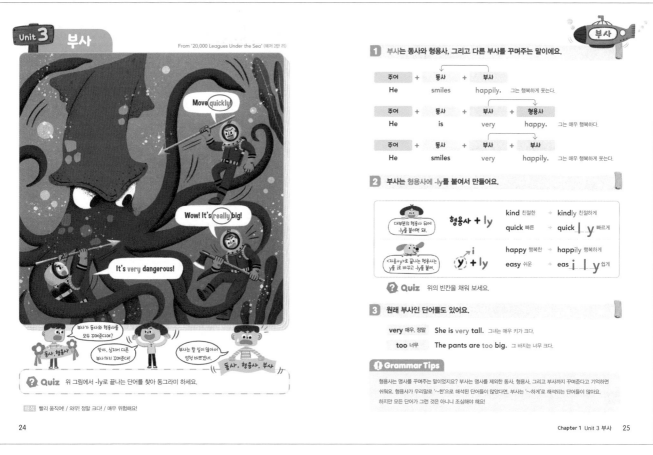

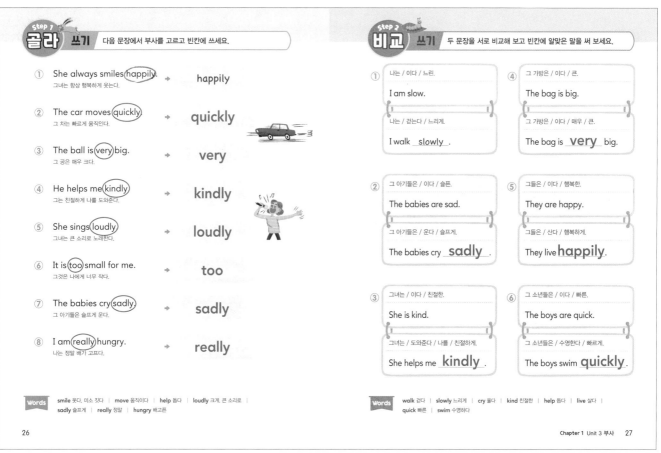

**Step 3 채워 쓰기** 우리말 뜻을 보고 빈칸을 채워 문장을 완성하세요.

① He smiles happ **ily** . 그는 행복하게 웃는다.

② She speaks quiet **ly** . 그녀는 조용히 말한다.

③ Jason swims quick **ly** . Jason은 빠르게 수영한다.

④ He solves the problem eas **ily** . 그는 그 문제를 쉽게 푼다.

⑤ They talk Spanish **slowly** . 그들은 스페인어를 느리게 말한다.

⑥ We are **very** happy. 우리는 매우 행복하다.

⑦ These shoes are **too** big. 이 신발은 너무 크다.

⑧ I laugh **loudly** . 나는 큰 소리로 웃는다.

**Words** speak 말하다 | quietly 조용히 | swim 수영하다 | solve 풀다 | problem 문제 |
Spanish 스페인어 | very 매우 | shoes 신발 | too 너무 | laugh 웃다

28

**Step 4 고쳐 쓰기** 밑줄 친 부분을 바르게 고쳐 문장을 써 보세요.

① They are <u>real</u> happy. 그들은 정말 행복하다.
→ They are really happy.

② He helps us <u>kind</u>. 그는 우리를 친절하게 도와준다.
→ He helps us kindly.

③ They run <u>slow</u>. 그들은 느리게 달린다.
→ They run slowly.

④ The gloves are <u>big very</u>. 그 장갑은 매우 크다.
→ The gloves are very big.

⑤ They read the books <u>easy</u>. 그들은 그 책들을 쉽게 읽는다.
→ They read the books easily.

⑥ She <u>sings loud</u>. 그녀는 큰 소리로 노래한다.
→ She sings loudly.

⑦ The question is <u>easy very</u>. 그 질문은 매우 쉽다.
→ The question is very easy.

⑧ The pants are <u>small too</u> for me. 그 바지는 나에게 너무 작다.
→ The pants are too small for me.

**Words** help 돕다 | run 달리다 | gloves 장갑 | read 읽다 | loudly 크게, 큰 소리로 |
question 질문 | easy 쉬운 | pants 바지 | small 작은

---

## Unit 4 전치사

From 'Sinbad the Sailor' (신밧드의 모험)

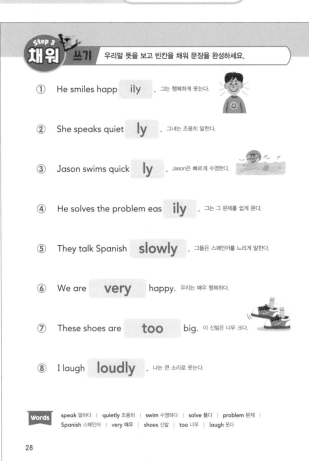

How strange!
No birds and butterflies in here.

Watch out!

You're on the back of a whale!

전치사가 무슨 뜻인지 알아?

그럼! '단어 앞에 오는 말'이란 뜻이야. 한 마디로 명사나 대명사 앞에 위치한다는 거야!

**Quiz** 위 그림에서 위치를 나타내는 전치사 in과 on을 찾아 동그라미 하세요.

해석 참 이상하군! 여긴 새도 나비도 없네. / 조심하세요! / 당신은 고래 등 위에 있는 거예요!

30

**1** 전치사는 명사나 대명사 앞에 와서 시간, 위치 등을 나타내는 말이에요.

| 전치사 | + | 명사 / 대명사 | |
|---|---|---|---|
| on | | Sunday | 일요일에 |

**2** 시간을 나타내는 전치사가 있어요.

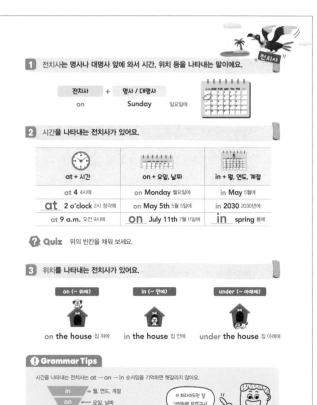

| at + 시간 | on + 요일, 날짜 | in + 월, 연도, 계절 |
|---|---|---|
| at 4 4시에 | on Monday 월요일에 | in May 5월에 |
| **at** 2 o'clock 2시 정각에 | on May 5th 5월 5일에 | in 2030 2030년에 |
| at 9 a.m. 오전 9시에 | **on** July 11th 7월 11일에 | **in** spring 봄에 |

**Quiz** 위의 빈칸을 채워 보세요.

**3** 위치를 나타내는 전치사가 있어요.

on (~ 위에)　　　in (~ 안에)　　　under (~ 아래에)

on the house 집 위에　　in the house 집 안에　　under the house 집 아래에

**Grammar Tips**

시간을 나타내는 전치사는 at → on → in 순서임을 기억하면 헷갈리지 않아요.

| in | → 월, 연도, 계절 |
|---|---|
| on | → 요일, 날짜 |
| at | → 구체적인 시간 |

이 피라미드만 딱 기억하면 되겠구나!

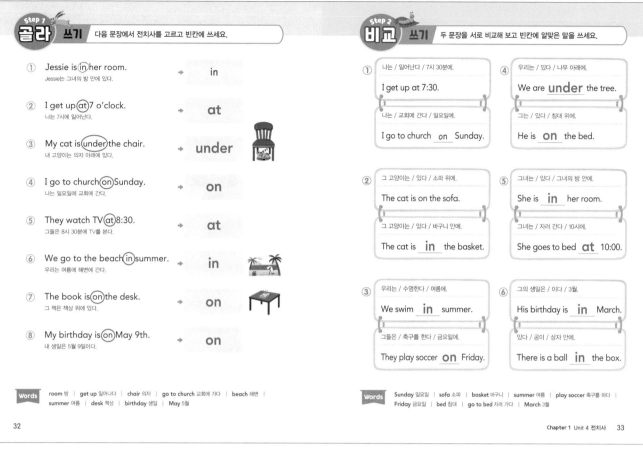

## Step 1 골라 쓰기 — 다음 문장에서 전치사를 고르고 빈칸에 쓰세요.

① Jessie is in her room.
Jessie는 그녀의 방 안에 있다. → in

② I get up at 7 o'clock.
나는 7시에 일어난다. → at

③ My cat is under the chair.
내 고양이는 의자 아래에 있다. → under

④ I go to church on Sunday.
나는 일요일에 교회에 간다. → on

⑤ They watch TV at 8:30.
그들은 8시 30분에 TV를 본다. → at

⑥ We go to the beach in summer.
우리는 여름에 해변에 간다. → in

⑦ The book is on the desk.
그 책은 책상 위에 있다. → on

⑧ My birthday is on May 9th.
내 생일은 5월 9일이다. → on

**Words** room 방 | get up 일어나다 | chair 의자 | go to church 교회에 가다 | beach 해변 | summer 여름 | desk 책상 | birthday 생일 | May 5월

32

## Step 2 비교 쓰기 — 두 문장을 서로 비교해 보고 빈칸에 알맞은 말을 쓰세요.

① 나는 / 일어난다 / 7시 30분에.
I get up at 7:30.
나는 / 교회에 간다 / 일요일에.
I go to church on Sunday.

② 그 고양이는 / 있다 / 소파 위에.
The cat is on the sofa.
그 고양이는 / 있다 / 바구니 안에.
The cat is in the basket.

③ 우리는 / 수영한다 / 여름에.
We swim in summer.
그들은 / 축구를 한다 / 금요일에.
They play soccer on Friday.

④ 우리는 / 있다 / 나무 아래에.
We are under the tree.
그는 / 있다 / 침대 위에.
He is on the bed.

⑤ 그녀는 / 있다 / 그녀의 방 안에.
She is in her room.
그녀는 / 자러 간다 / 10시에.
She goes to bed at 10:00.

⑥ 그의 생일은 / 이다 / 3월.
His birthday is in March.
있다 / 공이 / 상자 안에.
There is a ball in the box.

**Words** Sunday 일요일 | sofa 소파 | basket 바구니 | summer 여름 | play soccer 축구를 하다 | Friday 금요일 | bed 침대 | go to bed 자러 가다 | March 3월

Chapter 1 Unit 4 전치사  33

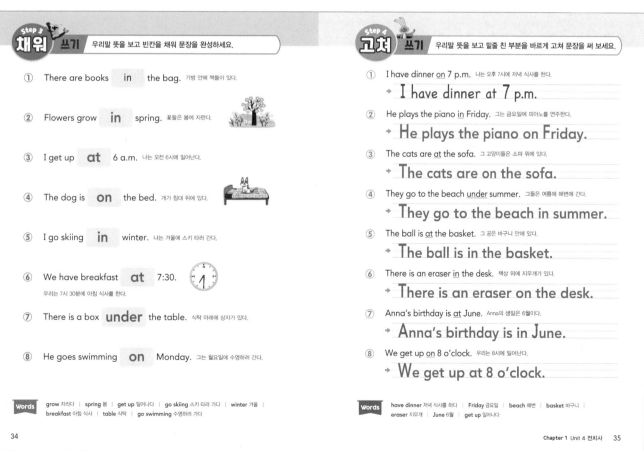

## Step 3 채워 쓰기 — 우리말 뜻을 보고 빈칸을 채워 문장을 완성하세요.

① There are books in the bag. 가방 안에 책들이 있다.

② Flowers grow in spring. 꽃들은 봄에 자란다.

③ I get up at 6 a.m. 나는 오전 6시에 일어난다.

④ The dog is on the bed. 개가 침대 위에 있다.

⑤ I go skiing in winter. 나는 겨울에 스키 타러 간다.

⑥ We have breakfast at 7:30.
우리는 7시 30분에 아침 식사를 한다.

⑦ There is a box under the table. 식탁 아래에 상자가 있다.

⑧ He goes swimming on Monday. 그는 월요일에 수영하러 간다.

**Words** grow 자라다 | spring 봄 | get up 일어나다 | go skiing 스키 타러 가다 | winter 겨울 | breakfast 아침 식사 | table 식탁 | go swimming 수영하러 가다

34

## Step 4 고쳐 쓰기 — 우리말 뜻을 보고 밑줄 친 부분을 바르게 고쳐 문장을 써 보세요.

① I have dinner on 7 p.m. 나는 오후 7시에 저녁 식사를 한다.
→ I have dinner at 7 p.m.

② He plays the piano in Friday. 그는 금요일에 피아노를 연주한다.
→ He plays the piano on Friday.

③ The cats are at the sofa. 그 고양이들은 소파 위에 있다.
→ The cats are on the sofa.

④ They go to the beach under summer. 그들은 여름에 해변에 간다.
→ They go to the beach in summer.

⑤ The ball is at the basket. 그 공은 바구니 안에 있다.
→ The ball is in the basket.

⑥ There is an eraser in the desk. 책상 위에 지우개가 있다.
→ There is an eraser on the desk.

⑦ Anna's birthday is at June. Anna의 생일은 6월이다.
→ Anna's birthday is in June.

⑧ We get up on 8 o'clock. 우리는 8시에 일어난다.
→ We get up at 8 o'clock.

**Words** have dinner 저녁 식사를 하다 | Friday 금요일 | beach 해변 | basket 바구니 | eraser 지우개 | June 6월 | get up 일어나다

Chapter 1 Unit 4 전치사  35

# BASIC 2 정답과 해설

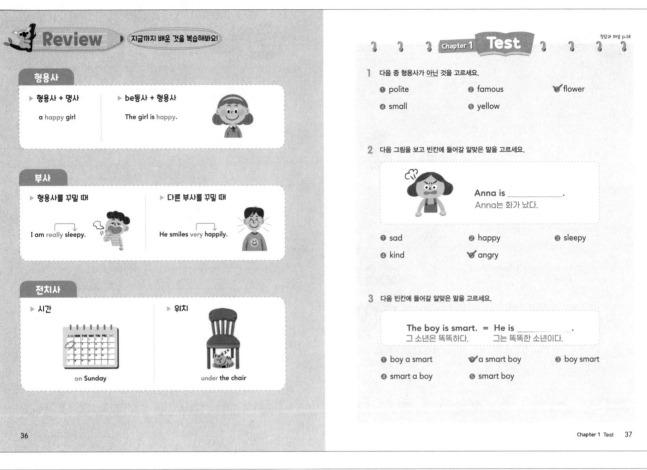

## Review
### 지금까지 배운 것을 복습해봐요!

**형용사**

▸ 형용사 + 명사
a happy girl

▸ be동사 + 형용사
The girl is happy.

**부사**

▸ 형용사를 꾸밀 때
I am really sleepy.

▸ 다른 부사를 꾸밀 때
He smiles very happily.

**전치사**

▸ 시간
on Sunday

▸ 위치
under the chair

36

정답과 해설 p.58

## Chapter 1 Test

**1** 다음 중 형용사가 아닌 것을 고르세요.

① polite  ② famous  ☑ flower
④ small  ⑤ yellow

**2** 다음 그림을 보고 빈칸에 들어갈 알맞은 말을 고르세요.

Anna is _____.
Anna는 화가 났다.

① sad  ② happy  ③ sleepy
④ kind  ☑ angry

**3** 다음 빈칸에 들어갈 알맞은 말을 고르세요.

The boy is smart. = He is _____.
그 소년은 똑똑하다.    그는 똑똑한 소년이다.

① boy a smart  ☑ a smart boy  ③ boy smart
④ smart a boy  ⑤ smart boy

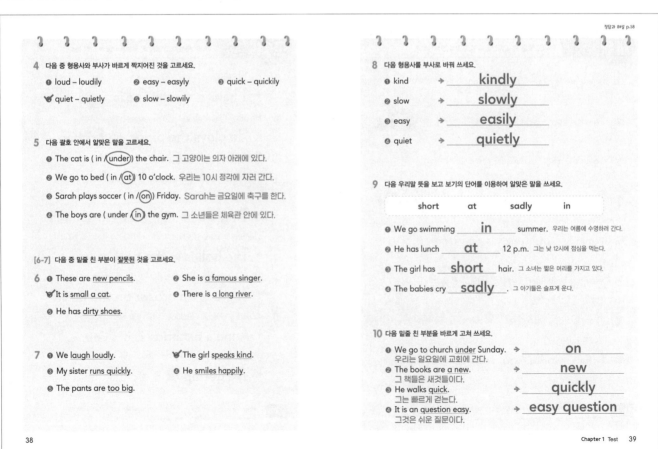

**4** 다음 중 형용사와 부사가 바르게 짝지어진 것을 고르세요.

① loud – loudly  ② easy – easyly  ③ quick – quickily
☑ quiet – quietly  ⑤ slow – slowily

**5** 다음 괄호 안에서 알맞은 말을 고르세요.

❶ The cat is ( in / under ) the chair. 그 고양이는 의자 아래에 있다.
❷ We go to bed ( in / at ) 10 o'clock. 우리는 10시 정각에 자러 간다.
❸ Sarah plays soccer ( in / on ) Friday. Sarah는 금요일에 축구를 한다.
❹ The boys are ( under / in ) the gym. 그 소년들은 체육관 안에 있다.

[6-7] 다음 중 밑줄 친 부분이 잘못된 것을 고르세요.

**6** ❶ These are new pencils.  ② She is a famous singer.
☑ It is small a cat.  ④ There is a long river.
⑤ He has dirty shoes.

**7** ❶ We laugh loudly.  ☑ The girl speaks kind.
❸ My sister runs quickly.  ④ He smiles happily.
⑤ The pants are too big.

38

정답과 해설 p.58

**8** 다음 형용사를 부사로 바꿔 쓰세요.

① kind  →  kindly
② slow  →  slowly
③ easy  →  easily
④ quiet  →  quietly

**9** 다음 우리말 뜻을 보고 보기의 단어를 이용하여 알맞은 말을 쓰세요.

| short | at | sadly | in |
|---|---|---|---|

❶ We go swimming __in__ summer. 우리는 여름에 수영하러 간다.
❷ He has lunch __at__ 12 p.m. 그는 낮 12시에 점심을 먹는다.
❸ The girl has __short__ hair. 그 소녀는 짧은 머리를 가지고 있다.
❹ The babies cry __sadly__. 그 아기들은 슬프게 운다.

**10** 다음 밑줄 친 부분을 바르게 고쳐 쓰세요.

❶ We go to church under Sunday. → __on__
우리는 일요일에 교회에 간다.
❷ The books are a new. → __new__
그 책들은 새것이다.
❸ He walks quick. → __quickly__
그는 빠르게 걷는다.
❹ It is an question easy. → __easy question__
그것은 쉬운 질문이다.

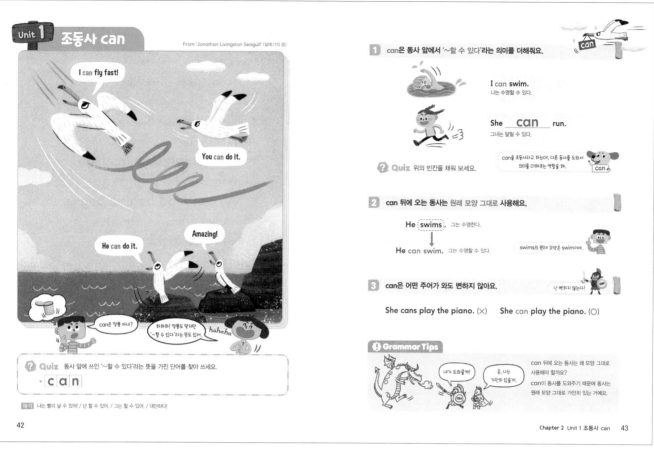

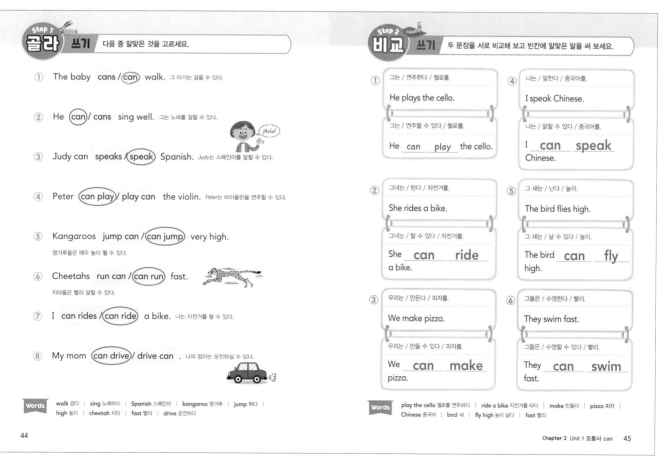

# BASIC 2 — 정답과 해설

다음 주어진 단어와 can을 이용해서 문장을 완성하세요.

① jump　I __can__ __jump__ high.
나는 높이 뛸 수 있다.

② swim　She __can__ __swim__ fast.
그녀는 빨리 수영할 수 있다.

③ sing　James __can__ __sing__ well.
James는 노래를 잘할 수 있다.

④ play　He __can__ __play__ ice hockey.
그는 아이스하키를 할 수 있다.

⑤ run　My dog __can__ __run__ fast.
나의 개는 빨리 달릴 수 있다.

⑥ ride　She __can__ __ride__ a bike.
그녀는 자전거를 탈 수 있다.

⑦ make　We __can__ __make__ sandwiches.
우리는 샌드위치를 만들 수 있다.

⑧ draw　They __can__ __draw__ well.
그들은 그림을 잘 그릴 수 있다.

**Words** high 높이 | fast 빨리 | well 잘 | play (게임, 놀이 등을) 하다, 놀다, 연주하다 | ice hockey 아이스하키 | bike 자전거 | make 만들다 | sandwich 샌드위치 | draw 그리다

46

밑줄 친 부분을 바르게 고쳐 문장을 써 보세요.

① I speak can Russian. 나는 러시아어를 말할 수 있다.
→ I can speak Russian.

② We can writes our names. 우리는 우리의 이름을 쓸 수 있다.
→ We can write our names.

③ The animal jump can high. 그 동물은 높이 뛸 수 있다.
→ The animal can jump high.

④ She read can English books. 그녀는 영어책을 읽을 수 있다.
→ She can read English books.

⑤ Tom can speaks Korean. Tom은 한국어를 말할 수 있다.
→ Tom can speak Korean.

⑥ My brother drive can. 나의 오빠는 운전할 수 있다.
→ My brother can drive.

⑦ We cans dance well. 우리는 춤을 잘 출 수 있다.
→ We can dance well.

⑧ The baby can walks. 그 아기는 걸을 수 있다.
→ The baby can walk.

**Words** speak 말하다 | Russian 러시아어 | write 쓰다 | name 이름 | animal 동물 | jump 뛰다 | Korean 한국어 | drive 운전하다 | walk 걷다

---

## Unit 2　조동사 will

From 'Rapunzel' (라푼젤)

I will help you get here.

I will go up.

They will love each other.

왕자가 이리 곧 올라갈 거야.

맞아, will은 '~할 것이다' 라는 뜻이야.

**Quiz** 위 그림에서 will을 모두 찾아 동그라미 하세요.

**해석** 당신이 여기 오도록 도와줄게요. / 제가 올라갈게요. / 그들은 서로 사랑할 거야.

48

**1** will은 동사 앞에서 '~할 것이다'라는 의미를 더해줘요.　will도 조동사야.

I will study English.
나는 영어를 공부할 것이다.

He will play the piano tomorrow.
그는 내일 피아노를 연주할 것이다.

She will be 11 years old next year.
그녀는 내년에 11살이 될 것이다.

**2** will 뒤에 오는 동사는 원래 모양 그대로 사용해요.

She studies English. 그녀는 영어를 공부한다.
↓
She will __study__ English. 그녀는 영어를 공부할 것이다.

**Quiz** 위의 빈칸을 채워 보세요.
I will은 I'll로, He will은 He'll로, She will은 She'll로 줄일 수 있어.

**3** will은 어떤 주어가 와도 변하지 않아요.　can과 마찬가지로 will도 변하지 않아.

She wills study English. (✕)　She will study English. (○)

**Grammar Tips**
will은 '~할 것이다'라는 의미로, 앞으로 할 일이나 일어날 일을 나타내지요. 이런 미래의 일을 나타낼 때, tomorrow(내일), next week(다음 주), next year(내년) 등의 표현과 함께 사용해요.

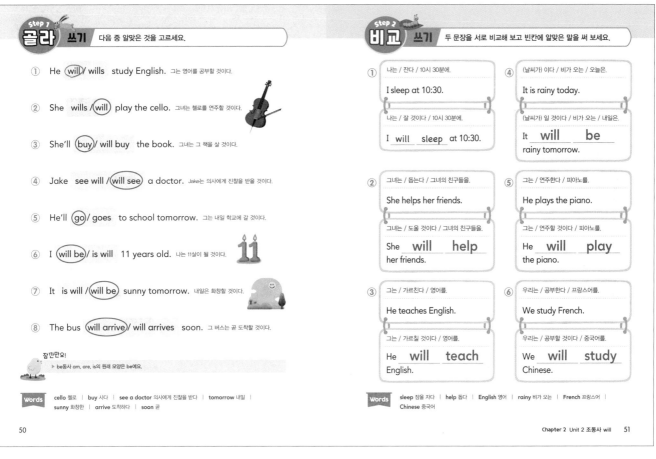

## Step 1 골라 쓰기 — 다음 중 알맞은 것을 고르세요.

① He (will)/ wills study English. 그는 영어를 공부할 것이다.

② She wills /(will) play the cello. 그녀는 첼로를 연주할 것이다.

③ She'll (buy)/ will buy the book. 그녀는 그 책을 살 것이다.

④ Jake see will /(will see) a doctor. Jake는 의사에게 진찰을 받을 것이다.

⑤ He'll (go)/ goes to school tomorrow. 그는 내일 학교에 갈 것이다.

⑥ I (will be)/ is will 11 years old. 나는 11살이 될 것이다.

⑦ It is will /(will be) sunny tomorrow. 내일은 화창할 것이다.

⑧ The bus (will arrive)/ will arrives soon. 그 버스는 곧 도착할 것이다.

**잠깐만요!**
► be동사 am, are, is의 원래 모양은 be예요.

**Words** cello 첼로 | buy 사다 | see a doctor 의사에게 진찰을 받다 | tomorrow 내일 | sunny 화창한 | arrive 도착하다 | soon 곧

## Step 2 비교 쓰기 — 두 문장을 서로 비교해 보고 빈칸에 알맞은 말을 써 보세요.

① 나는 / 잔다 / 10시 30분에.
I sleep at 10:30.
나는 / 잘 것이다 / 10시 30분에.
I **will sleep** at 10:30.

② 그녀는 / 돕는다 / 그녀의 친구들.
She helps her friends.
그녀는 / 도울 것이다 / 그녀의 친구들을.
She **will help** her friends.

③ 그는 / 가르친다 / 영어를.
He teaches English.
그는 / 가르칠 것이다 / 영어를.
He **will teach** English.

④ (날씨가) 이다 / 비가 오는 / 오늘은.
It is rainy today.
(날씨가) 일 것이다 / 비가 오는 / 내일은.
It **will be** rainy tomorrow.

⑤ 그는 / 연주한다 / 피아노를.
He plays the piano.
그는 / 연주할 것이다 / 피아노를.
He **will play** the piano.

⑥ 우리는 / 공부한다 / 프랑스어를.
We study French.
우리는 / 공부할 것이다 / 중국어를.
We **will study** Chinese.

**Words** sleep 잠을 자다 | help 돕다 | English 영어 | rainy 비가 오는 | French 프랑스어 | Chinese 중국어

50    51

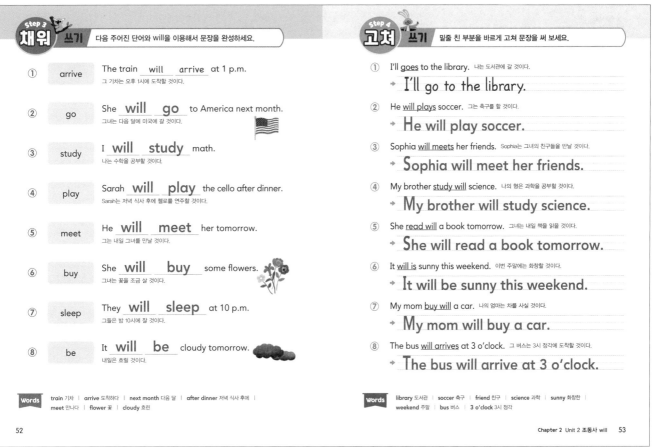

## Step 3 채워 쓰기 — 다음 주어진 단어와 will을 이용해서 문장을 완성하세요.

① arrive — The train **will arrive** at 1 p.m.
그 기차는 오후 1시에 도착할 것이다.

② go — She **will go** to America next month.
그녀는 다음 달에 미국에 갈 것이다.

③ study — I **will study** math.
나는 수학을 공부할 것이다.

④ play — Sarah **will play** the cello after dinner.
Sarah는 저녁 식사 후에 첼로를 연주할 것이다.

⑤ meet — He **will meet** her tomorrow.
그는 내일 그녀를 만날 것이다.

⑥ buy — She **will buy** some flowers.
그녀는 꽃을 조금 살 것이다.

⑦ sleep — They **will sleep** at 10 p.m.
그들은 밤 10시에 잘 것이다.

⑧ be — It **will be** cloudy tomorrow.
내일은 흐릴 것이다.

**Words** train 기차 | arrive 도착하다 | next month 다음 달 | after dinner 저녁 식사 후에 | meet 만나다 | flower 꽃 | cloudy 흐린

## Step 4 고쳐 쓰기 — 밑줄 친 부분을 바르게 고쳐 문장을 써 보세요.

① I'll goes to the library. 나는 도서관에 갈 것이다.
→ I'll go to the library.

② He will plays soccer. 그는 축구를 할 것이다.
→ He will play soccer.

③ Sophia will meets her friends. Sophia는 그녀의 친구들을 만날 것이다.
→ Sophia will meet her friends.

④ My brother study will science. 나의 형은 과학을 공부할 것이다.
→ My brother will study science.

⑤ She read will a book tomorrow. 그녀는 내일 책을 읽을 것이다.
→ She will read a book tomorrow.

⑥ It will is sunny this weekend. 이번 주말에는 화창할 것이다.
→ It will be sunny this weekend.

⑦ My mom buy will a car. 나의 엄마는 차를 사실 것이다.
→ My mom will buy a car.

⑧ The bus will arrives at 3 o'clock. 그 버스는 3시 정각에 도착할 것이다.
→ The bus will arrive at 3 o'clock.

**Words** library 도서관 | soccer 축구 | friend 친구 | science 과학 | sunny 화창한 | weekend 주말 | bus 버스 | 3 o'clock 3시 정각

52

# BASIC 2 정답과 해설

**Quiz** 부정문을 만드는 조동사를 모두 찾아 쓰세요.

- **c a n ' t**
- **w o n ' t**

해석 나를 좀 도와주시구려. / 나는 그를 도울 수 없어요. / 나는 아무것도 하지 않겠어. / 내가 하겠습니다.

54

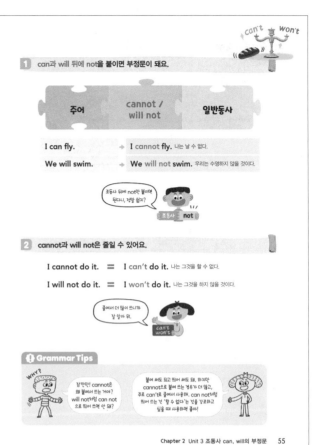

**1** can과 will 뒤에 not을 붙이면 부정문이 돼요.

| 주어 | cannot / will not | 일반동사 |
|---|---|---|

I can fly. ➡ I cannot fly. 나는 날 수 없다.

We will swim. ➡ We will not swim. 우리는 수영하지 않을 것이다.

조동사 뒤에 not만 붙이면 된다니, 정말 쉽지?

조동사 not

**2** cannot과 will not은 줄일 수 있어요.

I cannot do it. = I can't do it. 나는 그것을 할 수 없다.

I will not do it. = I won't do it. 나는 그것을 하지 않을 것이다.

줄여서 더 많이 쓰니까 잘 알아 둬.

can't won't

**ⓘ Grammar Tips**

WHY? 잠깐만! cannot은 왜 붙여서 쓰는 거야? will not처럼 can not으로 띄어서 쓰면 안 돼?

붙여 써도 되고 띄어 써도 돼. 하지만 cannot으로 붙여 쓰는 경우가 더 많고, 주로 can't로 줄여서 사용해. can not처럼 띄어 쓰는 건 '할 수 없다'는 것을 강조하고 싶을 때 사용하면 좋아!

Chapter 2 Unit 3 조동사 can, will의 부정문　55

---

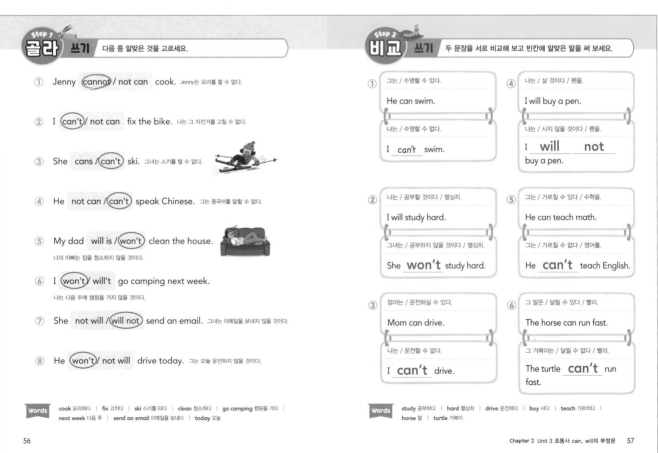

**Step 1** 골라 쓰기 다음 중 알맞은 것을 고르세요.

① Jenny (cannot) / not can cook. Jenny는 요리를 할 수 없다.

② I (can't) / not can fix the bike. 나는 그 자전거를 고칠 수 없다.

③ She cans / (can't) ski. 그녀는 스키를 탈 수 없다.

④ He not can / (can't) speak Chinese. 그는 중국어를 말할 수 없다.

⑤ My dad will is / (won't) clean the house.
나의 아빠는 집을 청소하지 않을 것이다.

⑥ I (won't) / will't go camping next week.
나는 다음 주에 캠핑을 가지 않을 것이다.

⑦ She not will / (will not) send an email. 그녀는 이메일을 보내지 않을 것이다.

⑧ He (won't) / not will drive today. 그는 오늘 운전하지 않을 것이다.

**Words** cook 요리하다 | fix 고치다 | ski 스키를 타다 | clean 청소하다 | go camping 캠핑을 가다 |
next week 다음 주 | send an email 이메일을 보내다 | today 오늘

56

**Step 2** 비교 쓰기 두 문장을 서로 비교해 보고 빈칸에 알맞은 말을 써 보세요.

① 그는 / 수영할 수 있다.
He can swim.
나는 / 수영할 수 없다.
I **can't** swim.

② 나는 / 공부할 것이다 / 열심히.
I will study hard.
그녀는 / 공부하지 않을 것이다 / 열심히.
She **won't** study hard.

③ 엄마는 / 운전하실 수 있다.
Mom can drive.
나는 / 운전할 수 없다.
I **can't** drive.

④ 나는 / 살 것이다 / 펜을.
I will buy a pen.
나는 / 사지 않을 것이다 / 펜을.
I **will** **not** buy a pen.

⑤ 그는 / 가르칠 수 있다 / 수학을.
He can teach math.
그는 / 가르칠 수 없다 / 영어를.
He **can't** teach English.

⑥ 그 말은 / 달릴 수 있다 / 빨리.
The horse can run fast.
그 거북이는 / 달릴 수 없다 / 빨리.
The turtle **can't** run fast.

**Words** study 공부하다 | hard 열심히 | drive 운전하다 | buy 사다 | teach 가르치다 |
horse 말 | turtle 거북이

Chapter 2 Unit 3 조동사 can, will의 부정문　57

① swim | I __can't__ __swim__ in the sea.
나는 바다에서 수영할 수 없다.

② ride | She __can't__ __ride__ a bike.
그녀는 자전거를 탈 수 없다.

③ fix | I __can't__ __fix__ my computer.
나는 나의 컴퓨터를 고칠 수 없다.

④ leave | We __won't__ __leave__ here.
우리는 여기를 떠나지 않을 것이다.

⑤ marry | My uncle __won't__ __marry__ this year.
내 삼촌은 올해 결혼하지 않을 것이다.

⑥ fly | The bird __can't__ __fly__.
그 새는 날 수 없다.

⑦ do | I __can't__ __do__ anything.
나는 아무것도 할 수 없다.

⑧ be | It __won't__ __be__ hot tomorrow.
내일은 덥지 않을 것이다.

**words** in the sea 바다에서 | fix 고치다 | computer 컴퓨터 | leave 떠나다 | here 여기(에) |
marry 결혼하다 | this year 올해 | anything 아무것도 | hot 더운

58

① I <u>cann't</u> watch a scary movie. 나는 무서운 영화를 볼 수 없다.
→ I can't watch a scary movie.

② I can't <u>speaks</u> Russian. 나는 러시아어를 말할 수 없다.
→ I can't speak Russian.

③ Sally <u>not will</u> buy the cap. Sally는 그 모자를 사지 않을 것이다.
→ Sally will not buy the cap.

④ They <u>buy can't</u> the watch. 그들은 그 시계를 살 수 없다.
→ They can't buy the watch.

⑤ We <u>not can</u> drink coffee. 우리는 커피를 마실 수 없다.
→ We cannot drink coffee.

⑥ He won't <u>wears</u> sunglasses. 그는 선글라스를 쓰지 않을 것이다.
→ He won't wear sunglasses.

⑦ She will <u>do not</u> the dishes. 그녀는 설거지를 하지 않을 것이다.
→ She will not do the dishes.

⑧ I <u>play won't</u> computer games. 나는 컴퓨터 게임을 하지 않을 것이다.
→ I won't play computer games.

**words** scary movie 무서운 영화 | Russian 러시아어 | buy 사다 | drink 마시다 |
wear sunglasses 선글라스를 쓰다 | play computer games 컴퓨터 게임을 하다

Chapter 2 Unit 3 조동사 can, will의 부정문   59

---

## Unit 4 조동사 can, will의 의문문

From 'Robinson Crusoe'
(로빈슨 크루소)

Can you cut that tree, Friday?

Yes, I can.

Will you stop?

질문하려면 주어와 조동사의 순서를 바꾸면 되지?

오~ 맞아, be동사 의문문이랑 방식이 똑같아.

**? Quiz** 도끼를 든 청년의 이름을 써 보세요.
• F r i d a y

[해석] 저 나무를 자를 수 있니, 프라이데이? / 네, 할 수 있습니다. / 그만 멈춰 줄래요?

60

**1** 주어와 조동사 can, will의 순서를 바꾸면 의문문이 돼요.

주어 조동사
He can swim. 그는 수영할 수 있다.
Can he swim? 그는 수영할 수 있니?
조동사 주어

주어 조동사
She will come back. 그녀는 돌아올 것이다.
Will she come back? 그녀는 돌아올 거니?
조동사 주어

**? Quiz** 위의 빈칸을 채워 보세요.

**2** 조동사의 의문문 대답은 Yes 또는 No로 해요.

Can he speak English? → Yes, he can.
그는 영어를 말할 수 있니? → No, he can't.

Will you invite us? → Yes, I will.
너는 우리를 초대할 거니? → No, I won't.

대답할 때는 줄여서 can't 또는 won't로 말해.

**? Quiz** 위의 빈칸을 채워 보세요.

**! Grammar Tips**
I(나)에 대해 물으면 you(너)로 대답하고, you(너, 너희들)에 대해 물으면 I(나), we(우리)로 대답해요.

Chapter 2 Unit 4 조동사 can, will의 의문문   61

**정답과 해설** 63

# BASIC 2 정답과 해설

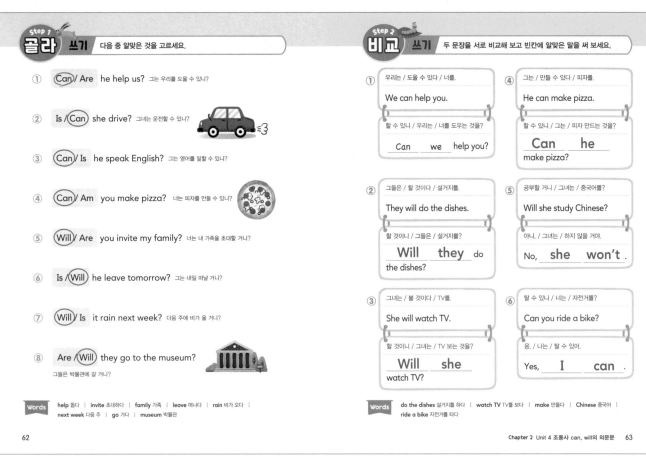

### Step 1 골라 쓰기 · 다음 중 알맞은 것을 고르세요.

① Can / Are he help us? 그는 우리를 도울 수 있니?

② Is / Can she drive? 그녀는 운전할 수 있니?

③ Can / Is he speak English? 그는 영어를 말할 수 있니?

④ Can / Am you make pizza? 너는 피자를 만들 수 있니?

⑤ Will / Are you invite my family? 너는 내 가족을 초대할 거니?

⑥ Is / Will he leave tomorrow? 그는 내일 떠날 거니?

⑦ Will / Is it rain next week? 다음 주에 비가 올 거니?

⑧ Are / Will they go to the museum? 그들은 박물관에 갈 거니?

**Words** help 돕다 | invite 초대하다 | family 가족 | leave 떠나다 | rain 비가 오다 | next week 다음 주 | go 가다 | museum 박물관

### Step 2 비교 쓰기 · 두 문장을 서로 비교해 보고 빈칸에 알맞은 말을 써 보세요.

① 우리는 / 도울 수 있다 / 너를.
We can help you.
할 수 있니 / 우리는 / 너를 도우는 것을?
**Can** **we** help you?

② 그들은 / 할 것이다 / 설거지를.
They will do the dishes.
할 것이니 / 그들은 / 설거지를?
**Will** **they** do the dishes?

③ 그녀는 / 볼 것이다 / TV를.
She will watch TV.
할 것이니 / 그녀는 / TV 보는 것을?
**Will** **she** watch TV?

④ 그는 / 만들 수 있다 / 피자를.
He can make pizza.
할 수 있니 / 그는 / 피자 만드는 것을?
**Can** **he** make pizza?

⑤ 공부할 거니 / 그녀는 / 중국어를?
Will she study Chinese?
아니, / 그녀는 / 하지 않을 거야.
No, **she** **won't**.

⑥ 탈 수 있니 / 너는 / 자전거를?
Can you ride a bike?
응, / 나는 / 탈 수 있어.
Yes, **I** **can**.

**Words** do the dishes 설거지를 하다 | watch TV TV를 보다 | make 만들다 | Chinese 중국어 | ride a bike 자전거를 타다

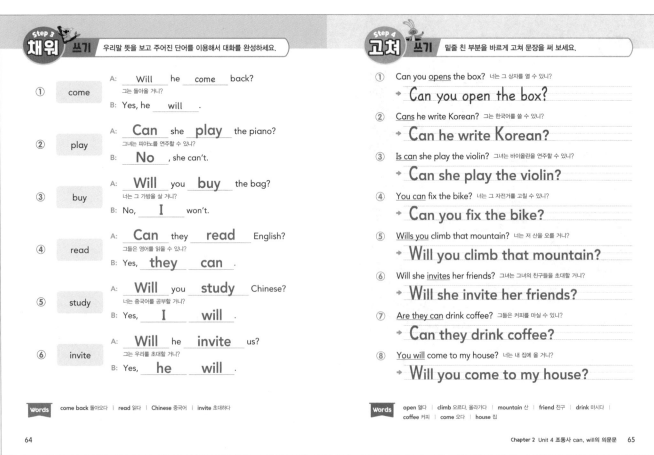

### Step 3 채워 쓰기 · 우리말 뜻을 보고 주어진 단어를 이용해서 대화를 완성하세요.

① come
A: **Will** he **come** back? 그는 돌아올 거니?
B: Yes, he **will** .

② play
A: **Can** she **play** the piano? 그녀는 피아노를 연주할 수 있니?
B: **No** , she can't.

③ buy
A: **Will** you **buy** the bag? 너는 그 가방을 살 거니?
B: No, **I** won't.

④ read
A: **Can** they **read** English? 그들은 영어를 읽을 수 있니?
B: Yes, **they** **can** .

⑤ study
A: **Will** you **study** Chinese? 너는 중국어를 공부할 거니?
B: Yes, **I** **will** .

⑥ invite
A: **Will** he **invite** us? 그는 우리를 초대할 거니?
B: Yes, **he** **will** .

**Words** come back 돌아오다 | read 읽다 | Chinese 중국어 | invite 초대하다

### Step 4 고쳐 쓰기 · 밑줄 친 부분을 바르게 고쳐 문장을 써 보세요.

① Can you opens the box? 너는 그 상자를 열 수 있니?
→ **Can you open the box?**

② Cans he write Korean? 그는 한국어를 쓸 수 있니?
→ **Can he write Korean?**

③ Is can she play the violin? 그녀는 바이올린을 연주할 수 있니?
→ **Can she play the violin?**

④ You can fix the bike? 너는 그 자전거를 고칠 수 있니?
→ **Can you fix the bike?**

⑤ Wills you climb that mountain? 너는 저 산을 오를 거니?
→ **Will you climb that mountain?**

⑥ Will she invites her friends? 그녀는 그녀의 친구들을 초대할 거니?
→ **Will she invite her friends?**

⑦ Are they can drink coffee? 그들은 커피를 마실 수 있니?
→ **Can they drink coffee?**

⑧ You will come to my house? 너는 내 집에 올 거니?
→ **Will you come to my house?**

**Words** open 열다 | climb 오르다, 올라가다 | mountain 산 | friend 친구 | drink 마시다 | coffee 커피 | come 오다 | house 집

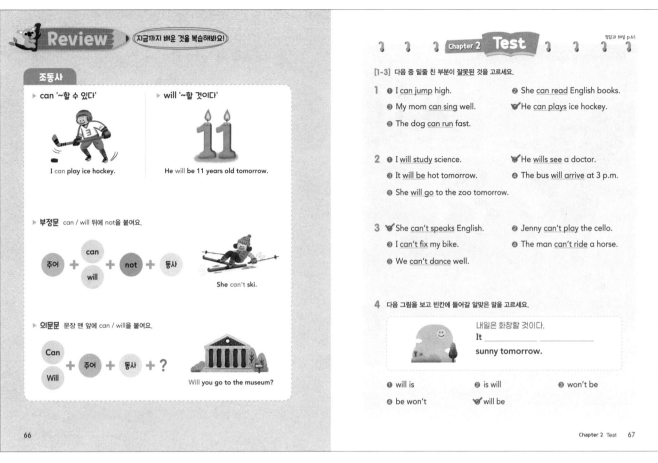

## Review ▷ 지금까지 배운 것을 복습해봐요!

### 조동사

▶ can '~할 수 있다'

I can play ice hockey.

▶ will '~할 것이다'

He will be 11 years old tomorrow.

▶ 부정문 can / will 뒤에 not을 붙여요.

주어 + can / will + not + 동사

She can't ski.

▶ 의문문 문장 맨 앞에 can / will을 붙여요.

Can / Will + 주어 + 동사 + ?

Will you go to the museum?

[1-3] 다음 중 밑줄 친 부분이 잘못된 것을 고르세요.

1  ❶ I can jump high.  ❷ She can read English books.
   ❸ My mom can sing well.  ✔❹ He can plays ice hockey.
   ❺ The dog can run fast.

2  ❶ I will study science.  ✔❹ He wills see a doctor.
   ❸ It will be hot tomorrow.  ❹ The bus will arrive at 3 p.m.
   ❺ She will go to the zoo tomorrow.

3  ✔❶ She can't speaks English.  ❷ Jenny can't play the cello.
   ❸ I can't fix my bike.  ❹ The man can't ride a horse.
   ❺ We can't dance well.

4  다음 그림을 보고 빈칸에 들어갈 알맞은 말을 고르세요.

내일은 화창할 것이다.
It _____ _____ sunny tomorrow.

❶ will is  ❷ is will  ❸ won't be
❹ be won't  ✔❺ will be

66

Chapter 2 Test  67

---

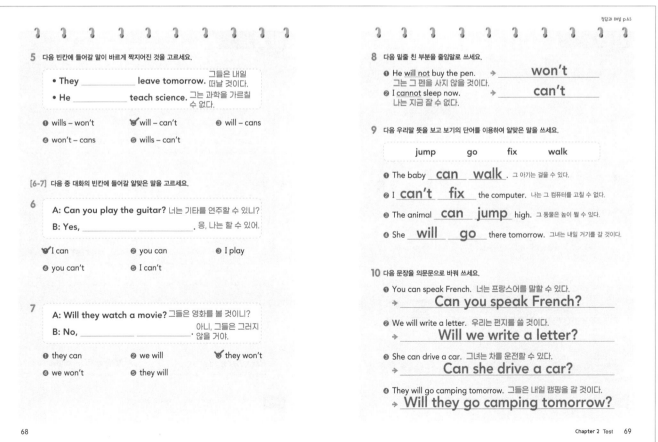

5  다음 빈칸에 들어갈 말이 바르게 짝지어진 것을 고르세요.

• They _____ leave tomorrow. 그들은 내일 떠날 것이다.
• He _____ teach science. 그는 과학을 가르칠 수 없다.

❶ wills – won't  ✔❷ will – can't  ❸ will – cans
❹ won't – cans  ❺ wills – can't

[6-7] 다음 중 대화의 빈칸에 들어갈 알맞은 말을 고르세요.

6  A: Can you play the guitar? 너는 기타를 연주할 수 있니?
   B: Yes, _____. 응, 나는 할 수 있어.

✔❶ I can  ❷ you can  ❸ I play
❹ you can't  ❺ I can't

7  A: Will they watch a movie? 그들은 영화를 볼 것이니?
   B: No, _____. 아니, 그들은 그러지 않을 거야.

❶ they can  ❷ we will  ✔❸ they won't
❹ we won't  ❺ they will

8  다음 밑줄 친 부분을 줄임말로 쓰세요.

❶ He will not buy the pen. → __won't__
   그는 그 펜을 사지 않을 것이다.
❷ I cannot sleep now. → __can't__
   나는 지금 잘 수 없다.

9  다음 우리말 뜻을 보고 보기의 단어를 이용하여 알맞은 말을 쓰세요.

| jump | go | fix | walk |

❶ The baby __can walk__. 그 아기는 걸을 수 있다.
❷ I __can't fix__ the computer. 나는 그 컴퓨터를 고칠 수 없다.
❸ The animal __can jump__ high. 그 동물은 높이 뛸 수 있다.
❹ She __will go__ there tomorrow. 그녀는 내일 거기를 갈 것이다.

10  다음 문장을 의문문으로 바꿔 쓰세요.

❶ You can speak French. 너는 프랑스어를 말할 수 있다.
   → __Can you speak French?__
❷ We will write a letter. 우리는 편지를 쓸 것이다.
   → __Will we write a letter?__
❸ She can drive a car. 그녀는 차를 운전할 수 있다.
   → __Can she drive a car?__
❹ They will go camping tomorrow. 그들은 내일 캠핑을 갈 것이다.
   → __Will they go camping tomorrow?__

68

Chapter 2 Test  69

정답과 해설  65

## Unit 1 be동사의 과거형

From 'Don Quixote' (돈키호테)

You were a farmer, Sancho.

Yes, sir. I was a farmer. But I'm your man now.

'과거형'이 도대체 뭐야? 혹시 '과거 동생'도 있어?

과거 동생이라니! 과거형은 이미 지나간 과거를 나타내는 말이야.

**Quiz** 위 그림을 보고 주어에 맞는 be동사의 과거형을 찾아 써 보세요.

- I ( **was** )  • You ( **were** )

해설 산초, 자네는 농부였지. / 네, 주인님. 저는 농부였습니다. 하지만 지금은 당신의 부하입니다.

72

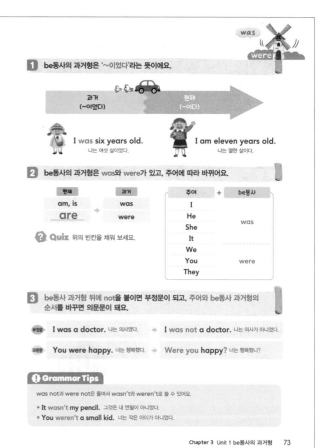

**1** be동사의 과거형은 '~이었다'라는 뜻이에요.

과거 (~이었다) → 현재 (~이다)

I was six years old. 나는 여섯 살이었다.

I am eleven years old. 나는 열한 살이다.

**2** be동사의 과거형은 was와 were가 있고, 주어에 따라 바뀌어요.

| 현재 | | 과거 |
|---|---|---|
| am, is | → | was |
| are | | were |

| 주어 | + | be동사 |
|---|---|---|
| I | | |
| He | | |
| She | | was |
| It | | |
| We | | |
| You | | were |
| They | | |

**Quiz** 위의 빈칸을 채워 보세요.

**3** be동사 과거형 뒤에 not을 붙이면 부정문이 되고, 주어와 be동사 과거형의 순서를 바꾸면 의문문이 돼요.

부정문 I was a doctor. 나는 의사였다. → I was not a doctor. 나는 의사가 아니었다.

의문문 You were happy. 너는 행복했다. → Were you happy? 너는 행복했니?

### Grammar Tips

was not과 were not은 줄여서 wasn't와 weren't로 쓸 수 있어요.

- It **wasn't** my pencil. 그것은 내 연필이 아니었다.
- You **weren't** a small kid. 너는 작은 아이가 아니었다.

Chapter 3 Unit 1 be동사의 과거형  73

---

### Step 1 골라 쓰기 다음 중 알맞은 것을 고르세요.

① I (was)/ were  a farmer. 나는 농부였다.

② He (was)/ were  a pilot. 그는 조종사였다.

③ Tom (was)/ were  a student. Tom은 학생이었다.

④ We  was /(were)  short. 우리는 키가 작았다.

⑤ You  was not /(were not) my friend. 너는 나의 친구가 아니었다.

⑥ I (wasn't)/ weren't  happy yesterday. 나는 어제 행복하지 않았다.

⑦ (Was)/ Were  he a vet? 그는 수의사였니?

⑧ Was /(Were)  the boys fat? 그 소년들은 뚱뚱했니?

**잠깐만요!**

▶ be동사 다음에 명사가 오면 '(무엇)이었다'라고 해석하고, 명사가 아닌 다른 것이 오면 '(어찌)했다'라고 해석해요.

**Words** farmer 농부 | pilot 조종사 | student 학생 | short 키가 작은 | friend 친구 | yesterday 어제 | vet 수의사 | fat 뚱뚱한

74

### Step 2 비교 쓰기 두 문장을 서로 비교해 보고 빈칸에 알맞은 말을 써 보세요.

① 나는 / 이다 / 의사.

I am a doctor.

나는 / 이었다 / 학생.

I  **was**  a student.

② 그녀는 / 이다 / 화가.

She is a painter.

그녀는 / 이었다 / 작가.

She  **was**  a writer.

③ 너는 / 이다 / 가수.

You  **are**  a singer.

너희들은 / 이었다 / 친구들.

You  **were**  friends.

④ 그는 / 이었다 / 수의사.

He  **was**  a vet.

그들은 / 이었다 / 수의사들.

They  **were**  vets.

⑤ 이것들은 / 이었다 / 그의 책들.

These  **were**  his books.

이것들은 / 아니었다 / 나의 책들이.

These **weren't** my books.

⑥ 이었니 / 그는 / 배우?

**Was**  he an actor?

이었니 / 그들은 / 잘생긴?

**Were** they handsome?

**Words** doctor 의사 | painter 화가 | writer 작가 | singer 가수 | vet 수의사 | these 이것들 | actor (남자)배우 | handsome 잘생긴

Chapter 3 Unit 1 be동사의 과거형  75

빈칸에 was 또는 were를 쓰세요.

① She **was** my friend. 그녀는 나의 친구였다.

② It **was** my cat. 그것은 나의 고양이였다.

③ You and I **were** good friends. 너와 나는 좋은 친구였다.

④ Sam **was** a good baseball player.
Sam은 좋은 야구 선수였다.

⑤ My sisters **were** lawyers. 나의 자매들은 변호사였다.

⑥ You **were** tired yesterday. 너는 어제 피곤했다.

⑦ The women **were** vets. 그 여자들은 수의사였다.

⑧ The monsters **were** very big. I **was** scared.
그 괴물들은 아주 컸다. 나는 무서웠다.

**Words** baseball player 야구 선수 | lawyer 변호사 | tired 피곤한 | yesterday 어제 |
women woman(여자)의 복수형 | monster 괴물 | scared 무서워하는, 겁먹은

76

밑줄 친 부분을 바르게 고쳐 문장을 써 보세요.

① I <u>were</u> a student. 나는 학생이었다.
→ I was a student.

② <u>Was</u> they dentists? 그들은 치과 의사들이었니?
→ Were they dentists?

③ <u>Were</u> it a big car? 그것은 큰 차였니?
→ Was it a big car?

④ Sam and I <u>was</u> friends. Sam과 나는 친구였다.
→ Sam and I were friends.

⑤ We <u>was not</u> lawyers. 우리는 변호사들이 아니었다.
→ We were not lawyers.

⑥ <u>Were</u> he your English teacher? 그는 너의 영어 선생님이었니?
→ Was he your English teacher?

⑦ They <u>not were</u> happy yesterday. 그들은 어제 행복하지 않았다.
→ They were not happy yesterday.

⑧ I <u>is not</u> 6 years old last year. 나는 지난해에 6살이 아니었다.
→ I was not 6 years old last year.

**Words** dentist 치과 의사 | big 큰 | lawyer 변호사 | happy 행복한 | yesterday 어제 |
last year 지난해, 작년

## Unit 2 일반동사의 과거형 ①
From 'Romeo and Juliet' (로미오와 줄리엣)

O, Romeo! What happened to you?
I loved you then, and I love you now.

They loved each other very much.

줄리엣의 사랑은 변함이
없는데 영어는 변화네?

그래, 맞아, 동사 love는 현재형이고,
loved가 과거형이야.

**Quiz** 위 그림을 보고 단어 끝에 -ed가 들어간 것을 찾아 써 보세요.
• happ**ened** • lov**ed**

해설 오, 로미오! 당신에게 무슨 일이 있었던 건가요? 나는 그때 당신을 사랑했고 지금도 사랑해요. /
그들은 서로를 매우 사랑했어.

78

**1** 일반동사의 과거형은 '~했다'라는 뜻이에요.

과거 (~했다) 현재 (~하다)

I liked math. 나는 수학을 좋아했다.

I like English. 나는 영어를 좋아한다.

**2** 일반동사의 과거형은 대부분의 동사 뒤에 -ed를 붙여요.

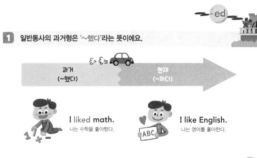

| | | |
|---|---|---|
| 대부분의 동사 뒤에는 -ed를 붙여. | 동사 + ed | help 돕다 → helped<br>look 쳐다보다 → looked<br>walk 걷다 → walk**ed** |
| e로 끝나는 동사에는 e를 하나 빼야 해. | e + ed | love 사랑하다 → loved<br>like 좋아하다 → liked<br>dance 춤추다 → danc**ed** |
| <자음+y>로 끝나는 동사일 때는 y를 i로 바꾸고 -ed를 붙이면 돼. | y + ed | cry 울다 → cried<br>study 공부하다 → studied<br>marry 결혼하다 → married |

**Quiz** 위의 빈칸을 채워 보세요. ★ 주의 <모음(a)+y>로 끝나는 동사는 y를 i로 바꾸지 않아!
play (놀다) – played (○) plaied (×)

**Grammar Tips**
영어에서는 모음이 두 번 들어가는 것을 좋아하지 않는다는 거 기억하고 있지요?
모음 e로 끝나는 동사 love에 ed를 붙이면 loveed가 되니까 e를 하나 빼는 거예요.

# BASIC 2 정답과 해설

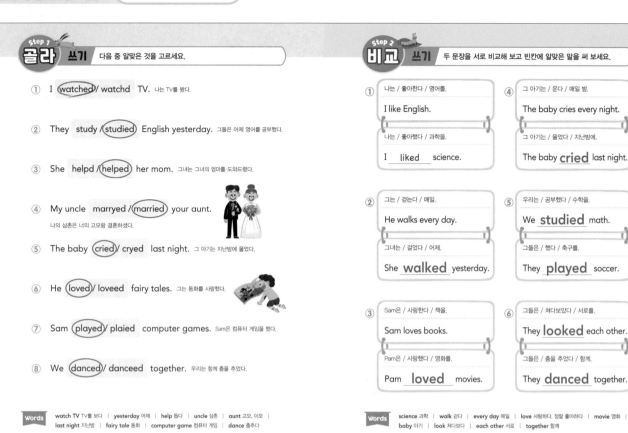

**Step 1 골라 쓰기** 다음 중 알맞은 것을 고르세요.

① I (watched)/ watchd TV. 나는 TV를 봤다.

② They study /(studied) English yesterday. 그들은 어제 영어를 공부했다.

③ She helpd /(helped) her mom. 그녀는 그녀의 엄마를 도와드렸다.

④ My uncle marryed /(married) your aunt. 나의 삼촌은 너의 고모랑 결혼하셨다.

⑤ The baby (cried)/ cryed last night. 그 아기는 지난밤에 울었다.

⑥ He (loved)/ loveed fairy tales. 그는 동화를 사랑했다.

⑦ Sam (played)/ plaied computer games. Sam은 컴퓨터 게임을 했다.

⑧ We (danced)/ danceed together. 우리는 함께 춤을 추었다.

**Words** watch TV TV를 보다 | yesterday 어제 | help 돕다 | uncle 삼촌 | aunt 고모, 이모 | last night 지난밤 | fairy tale 동화 | computer game 컴퓨터 게임 | dance 춤추다

80

**Step 2 비교 쓰기** 두 문장을 서로 비교해 보고 빈칸에 알맞은 말을 써 보세요.

① 나는 / 좋아한다 / 영어를.
I like English.
나는 / 좋아했다 / 과학을.
I **liked** science.

② 그는 / 걷는다 / 매일.
He walks every day.
그녀는 / 걸었다 / 어제.
She **walked** yesterday.

③ Sam은 / 사랑한다 / 책을.
Sam loves books.
Pam은 / 사랑했다 / 영화를.
Pam **loved** movies.

④ 그 아기는 / 운다 / 매일 밤.
The baby cries every night.
그 아기는 / 울었다 / 지난밤에.
The baby **cried** last night.

⑤ 우리는 / 공부했다 / 수학을.
We **studied** math.
그들은 / 했다 / 축구를.
They **played** soccer.

⑥ 그들은 / 쳐다보았다 / 서로를.
They **looked** each other.
그들은 / 춤을 추었다 / 함께.
They **danced** together.

**Words** science 과학 | walk 걷다 | every day 매일 | love 사랑하다, 정말 좋아하다 | movie 영화 | baby 아기 | look 쳐다보다 | each other 서로 | together 함께

Chapter 3 Unit 2 일반동사의 과거형 ① 81

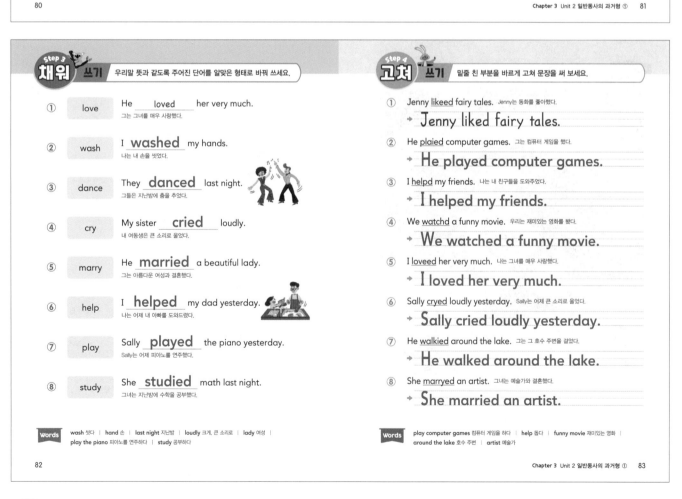

**Step 3 채워 쓰기** 우리말 뜻과 같도록 주어진 단어를 알맞은 형태로 바꿔 쓰세요.

① love He **loved** her very much.
그는 그녀를 매우 사랑했다.

② wash I **washed** my hands.
나는 내 손을 씻었다.

③ dance They **danced** last night.
그들은 지난밤에 춤을 추었다.

④ cry My sister **cried** loudly.
내 여동생은 큰 소리로 울었다.

⑤ marry He **married** a beautiful lady.
그는 아름다운 여성과 결혼했다.

⑥ help I **helped** my dad yesterday.
나는 어제 내 아빠를 도와드렸다.

⑦ play Sally **played** the piano yesterday.
Sally는 어제 피아노를 연주했다.

⑧ study She **studied** math last night.
그녀는 지난밤에 수학을 공부했다.

**Words** wash 씻다 | hand 손 | last night 지난밤 | loudly 크게, 큰 소리로 | lady 여성 | play the piano 피아노를 연주하다 | study 공부하다

82

**Step 4 고쳐 쓰기** 밑줄 친 부분을 바르게 고쳐 문장을 써 보세요.

① Jenny likeed fairy tales. Jenny는 동화를 좋아했다.
→ Jenny liked fairy tales.

② He plaied computer games. 그는 컴퓨터 게임을 했다.
→ He played computer games.

③ I helpd my friends. 나는 내 친구들을 도와주었다.
→ I helped my friends.

④ We watchd a funny movie. 우리는 재미있는 영화를 봤다.
→ We watched a funny movie.

⑤ I loveed her very much. 나는 그녀를 매우 사랑했다.
→ I loved her very much.

⑥ Sally cryed loudly yesterday. Sally는 어제 큰 소리로 울었다.
→ Sally cried loudly yesterday.

⑦ He walkied around the lake. 그는 그 호수 주변을 걸었다.
→ He walked around the lake.

⑧ She marryed an artist. 그녀는 예술가와 결혼했다.
→ She married an artist.

**Words** play computer games 컴퓨터 게임을 하다 | help 돕다 | funny movie 재미있는 영화 | around the lake 호수 주변 | artist 예술가

Chapter 3 Unit 2 일반동사의 과거형 ① 83

# Unit 3 일반동사의 과거형 ②

From 'The Three Musketeers' (삼총사)

**Quiz** 위 그림에서 형태가 변한 동사들을 모두 찾아 동그라미 하세요.

해석 자네가 다쳤다고 들었네. / 걱정 말게. 난 괜찮네. / 조심하시게.

84

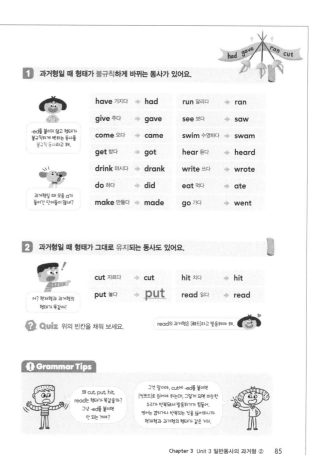

**1** 과거형일 때 형태가 불규칙하게 바뀌는 동사가 있어요.

-ed를 붙이지 않고 형태가 불규칙하게 변하는 동사를 불규칙 동사라고 해.

| | | | | |
|---|---|---|---|---|
| have 가지다 | had | run 달리다 | ran |
| give 주다 | gave | see 보다 | saw |
| come 오다 | came | swim 수영하다 | swam |
| get 받다 | got | hear 듣다 | heard |
| drink 마시다 | drank | write 쓰다 | wrote |
| do 하다 | did | eat 먹다 | ate |
| make 만들다 | made | go 가다 | went |

과거형일 때 모음 a가 들어간 단어들이 많네?

**2** 과거형일 때 형태가 그대로 유지되는 동사도 있어요.

어? 현재형과 과거형의 형태가 똑같아!

| | | | |
|---|---|---|---|
| cut 자르다 | cut | hit 치다 | hit |
| put 놓다 | put | read 읽다 | read |

**Quiz** 위의 빈칸을 채워 보세요.　read의 과거형은 [레드]라고 발음해야 해.

**⚡ Grammar Tips**

왜 cut, put, hit, read는 형태가 똑같을까? 그냥 -ed를 붙이면 안 되는 거야?

그건 말이야, cut에 -ed를 붙이면 [컷트드]로 읽어야 하는데, 그렇게 되면 비슷한 소리가 반복돼서 발음하기가 힘들어. 언어는 겹치거나 반복되는 것을 싫어하니까 현재형과 과거형의 형태가 같은 거지.

---

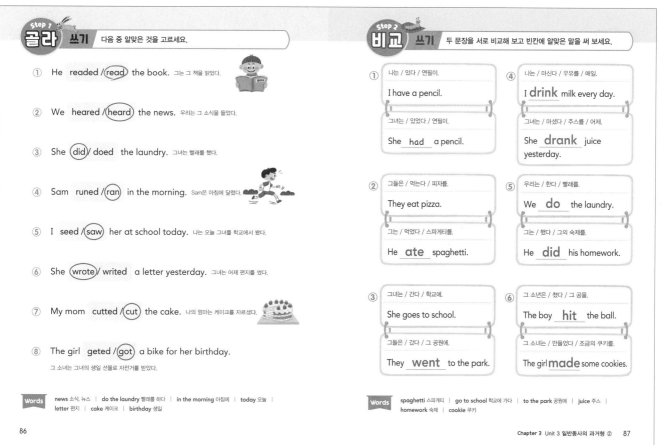

## Step 1 골라 쓰기
다음 중 알맞은 것을 고르세요.

① He reeded /(read) the book. 그는 그 책을 읽었다.

② We heared /(heard) the news. 우리는 그 소식을 들었다.

③ She (did)/ doed the laundry. 그녀는 빨래를 했다.

④ Sam runed /(ran) in the morning. Sam은 아침에 달렸다.

⑤ I seed /(saw) her at school today. 나는 오늘 그녀를 학교에서 봤다.

⑥ She (wrote)/ writed a letter yesterday. 그녀는 어제 편지를 썼다.

⑦ My mom cutted /(cut) the cake. 나의 엄마는 케이크를 자르셨다.

⑧ The girl geted /(got) a bike for her birthday.
그 소녀는 그녀의 생일 선물로 자전거를 받았다.

**Words** news 소식, 뉴스 | do the laundry 빨래를 하다 | in the morning 아침에 | today 오늘 |
letter 편지 | cake 케이크 | birthday 생일

86

## Step 2 비교 쓰기
두 문장을 서로 비교해 보고 빈칸에 알맞은 말을 써 보세요.

① 나는 / 있다 / 연필이.
I have a pencil.
그녀는 / 있었다 / 연필이.
She **had** a pencil.

② 그들은 / 먹는다 / 피자를.
They eat pizza.
그는 / 먹었다 / 스파게티를.
He **ate** spaghetti.

③ 그녀는 / 간다 / 학교에.
She goes to school.
그들은 / 갔다 / 그 공원에.
They **went** to the park.

④ 나는 / 마신다 / 우유를 / 매일.
I **drink** milk every day.
그녀는 / 마셨다 / 주스를 / 어제.
She **drank** juice yesterday.

⑤ 우리는 / 한다 / 빨래를.
We **do** the laundry.
그는 / 했다 / 그의 숙제를.
He **did** his homework.

⑥ 그 소년은 / 쳤다 / 그 공을.
The boy **hit** the ball.
그 소녀는 / 만들었다 / 조금의 쿠키를.
The girl **made** some cookies.

**Words** spaghetti 스파게티 | go to school 학교에 가다 | to the park 공원에 | juice 주스 |
homework 숙제 | cookie 쿠키

# BASIC 2 　정답과 해설

## Step 3 채워 쓰기
우리말 뜻과 같도록 주어진 단어를 알맞은 형태로 바꿔 쓰세요.

① come　We **came** home early yesterday.
우리는 어제 일찍 집에 왔다.

② cut　Jim **cut** the paper.
Jim은 그 종이를 잘랐다.

③ give　She **gave** me a birthday present.
그녀는 나에게 생일 선물을 주었다.

④ go　He **went** to the library yesterday.
그는 어제 도서관에 갔다.

⑤ do　I **did** the dishes last night.
나는 지난밤에 설거지를 했다.

⑥ swim　The man **swam** across the lake.
그 남자는 호수를 가로질러 헤엄쳤다.

⑦ get　I **got** an A on the test.
나는 그 시험에서 A를 받았다.

⑧ eat　He **ate** too much food.
그는 너무 많은 음식을 먹었다.

**Words** come home 집에 오다 | early 일찍 | paper 종이 | present 선물 | library 도서관 |
across 건너서, 가로질러 | lake 호수 | test 시험 | too much 너무 많이 | food 음식

88

## Step 4 고쳐 쓰기
밑줄 친 부분을 바르게 고쳐 문장을 써 보세요.

① She <u>doed</u> the dishes after dinner. 그녀는 저녁 식사 후에 설거지를 했다.
→ **She did the dishes after dinner.**

② Tom <u>putted</u> a pen on the desk. Tom은 책상 위에 연필을 놓았다.
→ **Tom put a pen on the desk.**

③ He <u>goed</u> to the shopping mall. 그는 그 쇼핑몰에 갔다.
→ **He went to the shopping mall.**

④ We <u>cuted</u> the paper. 우리는 그 종이를 잘랐다.
→ **We cut the paper.**

⑤ They <u>writed</u> a letter to Sam. 그들은 Sam에게 편지를 썼다.
→ **They wrote a letter to Sam.**

⑥ Mary <u>heared</u> the news yesterday. Mary는 어제 그 소식을 들었다.
→ **Mary heard the news yesterday.**

⑦ He <u>runned</u> to his house. 그는 그의 집으로 달려갔다.
→ **He ran to his house.**

⑧ She <u>maked</u> a pancake. 그녀는 팬케이크를 만들었다.
→ **She made a pancake.**

**Words** after dinner 저녁 식사 후에 | on the desk 책상 위에 | shopping mall 쇼핑몰 |
letter 편지 | news 소식, 뉴스 | house 집 | pancake 팬케이크

Chapter 3　Unit 3 일반동사의 과거형 ②　89

---

## Unit 4 일반동사 과거형의 부정문, 의문문

From 'The Old Man and the Sea' (노인과 바다)

Did you catch any fish?

No, I didn't. Did you?

Same here.

과거형 부정문? 의문문?
으아~ 머리 아파!

하나도 어려울 거 없어, 지난 시간에 배운 일반동사
부정문과 의문문 기억하지? do 대신 did를 쓰면 돼!

**Quiz** 위 그림에서 did를 모두 찾아 동그라미 하세요.

해석 물고기 좀 잡으셨어요? / 아니, 못 잡았어. 너는 잡았니? / 저도 마찬가지예요.

90

### 1 일반동사 앞에 did not을 붙이면 과거형 부정문이 돼요.

| 주어 | did not | 일반동사 |
|---|---|---|

I liked cats.
나는 고양이를 좋아했다.
→ I did not like cats.
나는 고양이를 좋아하지 않았다.

He had the book.
그는 그 책을 가지고 있었다.
→ He did not have the book.
그는 그 책을 가지고 있지 않았다.

### 2 문장 맨 앞에 Did를 붙이면 과거형 의문문이 돼요.

| Did | 주어 | 일반동사 |
|---|---|---|

She liked soccer.
그녀는 축구를 좋아했다.
→ Did **she** like soccer?
그녀는 축구를 좋아했니?

You had the book.
너는 그 책을 가지고 있었다.
→ Did you have the book?
너는 그 책을 가지고 있었니?

**Quiz** 위의 빈칸을 채워 보세요.　부정문과 의문문에서 동사는 원래 모양 그대로 사용해야 돼!

### 3 일반동사의 과거형 의문문 대답은 Yes 또는 No로 해요.

Did he watch TV yesterday?
그는 어제 TV를 봤니?
→ Yes, he did.
→ No, he didn't.　did not은 didn't로 줄여서 써.

**Grammar Tips**
주어가 3인칭 단수일 때 do가 does로 바뀌었죠?
과거형인 경우에는 주어에 관계없이 무조건 did를 사용해요.

과거는 고민없이 무조건
did를 쓰면 되는거니!

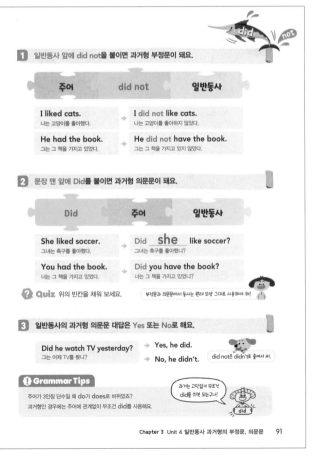

Chapter 3　Unit 4 일반동사 과거형의 부정문, 의문문　91

---

70

## Step 1 골라 쓰기  다음 중 알맞은 것을 고르세요.

① He  is not /(did not) like apples.  그는 사과를 좋아하지 않았다.

② I  do not /(did not) have colored pencils.
나는 색연필들을 가지고 있지 않았다.

③ She (did not)/ not  watch TV.  그녀는 TV를 보지 않았다.

④ We (didn't)/ doesn't  play tennis.  우리는 테니스를 치지 않았다.

⑤ Do /(Did) he have the book?  그는 그 책을 가지고 있었니?

⑥ Does /(Did) she have brown eyes?  그녀는 갈색 눈을 가지고 있었니?

⑦ (Did)/ Is  they go to the library?  그들은 그 도서관에 갔었니?

⑧ (Did)/ Do  he study English yesterday?  그는 어제 영어를 공부했니?

**Words**  like 좋아하다 | colored pencil 색연필 | tennis 테니스 | brown eyes 갈색 눈 |
library 도서관 | study 공부하다

92

## Step 2 비교 쓰기  두 문장을 서로 비교해 보고 빈칸에 알맞은 말을 써 보세요.

① 그녀는 / 마시지 않았다 / 우유를.
She  **did**  not drink milk.

그들은 / 마시지 않았다 / 커피를.
They  **didn't**  drink coffee.

② 그는 / 가지 않았다 / 학교에.
He **didn't** go to school.

그녀는 / 읽지 않았다 / 그 책을.
She **didn't** read the book.

③ 나는 / 좋아하지 않았다 / 그 영화를.
I **did** not like the movie.

그는 / 좋아하지 않았다 / 그 배우를.
He **didn't** like the actor.

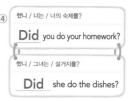

④ 했니 / 너는 / 너의 숙제를?
**Did** you do your homework?

했니 / 그녀는 / 설거지를?
**Did** she do the dishes?

⑤ 했니 / 그들은 / 배구를?
**Did** they play volleyball?

응, / 그들은 / 했어.
Yes, **they did** .

⑥ 봤니 / 그는 / TV를?
**Did** he watch TV?

아니, / 그는 / 보지 않았어.
No, **he didn't** .

**Words**  drink 마시다 | milk 우유 | coffee 커피 | go to school 학교에 가다 | movie 영화 |
actor (남자)배우 | play volleyball 배구를 하다

Chapter 3  Unit 4 일반동사 과거형의 부정문, 의문문  93

## Step 3 채워 쓰기  빈칸을 채워 과거형 부정문과 의문문을 완성하세요.

① I did  **not**  eat the ice cream.
나는 그 아이스크림을 먹지 않았다.

② She did  **not**  make a cake.
그녀는 케이크를 만들지 않았다.

③ He  **didn't**  go to school yesterday.
그는 어제 학교에 가지 않았다.

④ Jenny  **did**  not study math.
Jenny는 수학을 공부하지 않았다.

⑤ A:  **Did**  you go to the zoo?  너는 그 동물원에 갔었니?

B: Yes,  **I**  did.  응, 나는 갔었어.

⑥ A:  **Did**  he play the guitar yesterday?  그는 어제 기타를 연주했니?

B: No, he  **did**   **not**  .  아니, 그는 연주하지 않았어.

**Words**  ice cream 아이스크림 | make 만들다 | cake 케이크 | zoo 동물원 |
play the guitar 기타를 연주하다

94

## Step 4 고쳐 쓰기  밑줄 친 부분을 바르게 고쳐 문장을 써 보세요.

① He was not do his homework.  그는 그의 숙제를 하지 않았다.
➡ He did not do his homework.

② I was not like the music.  나는 그 노래를 좋아하지 않았다.
➡ I did not like the music.

③ We do not go to school yesterday.  우리는 어제 학교에 가지 않았다.
➡ We did not go to school yesterday.

④ They weren't play soccer last Sunday.  그들은 지난 일요일에 축구를 하지 않았다.
➡ They didn't play soccer last Sunday.

⑤ Does you buy the book?  너는 그 책을 샀니?
➡ Did you buy the book?

⑥ Do she go to the park?  그녀는 그 공원을 갔니?
➡ Did she go to the park?

⑦ Does you make a snowman?  너는 눈사람을 만들었니?
➡ Did you make a snowman?

⑧ Do the woman have long hair?  그 여자는 긴 머리를 가지고 있었니?
➡ Did the woman have long hair?

**Words**  do one's homework 숙제를 하다 | music 음악 | soccer 축구 | buy 사다 | park 공원 |
snowman 눈사람 | hair 머리카락

Chapter 3  Unit 4 일반동사 과거형의 부정문, 의문문  95

정답과 해설  71

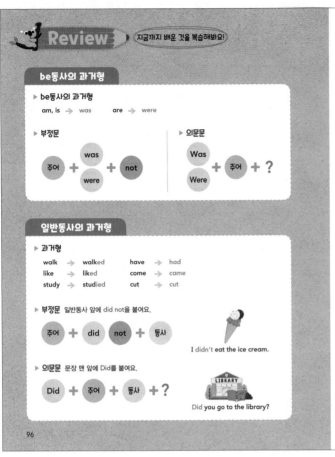

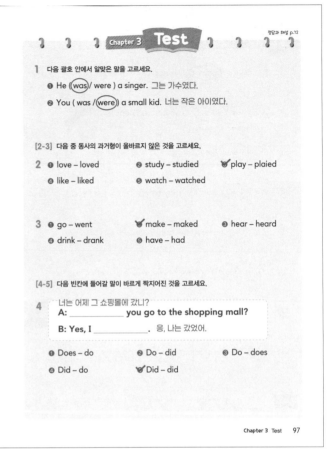

### Chapter 3 Test

**1** 다음 괄호 안에서 알맞은 말을 고르세요.

❶ He ( (was)/ were ) a singer. 그는 가수였다.

❷ You ( was /(were)) a small kid. 너는 작은 아이였다.

[2-3] 다음 중 동사의 과거형이 올바르지 않은 것을 고르세요.

**2** ❶ love – loved    ❷ study – studied    ✓ play – plaied

❹ like – liked    ❺ watch – watched

**3** ❶ go – went    ✓ make – maked    ❸ hear – heard

❹ drink – drank    ❺ have – had

[4-5] 다음 빈칸에 들어갈 말이 바르게 짝지어진 것을 고르세요.

**4**  너는 어제 그 쇼핑몰에 갔니?
A: _____ you go to the shopping mall?
B: Yes, I _____. 응, 나는 갔었어.

❶ Does – do    ❷ Do – did    ❸ Do – does

❹ Did – do    ✓ Did – did

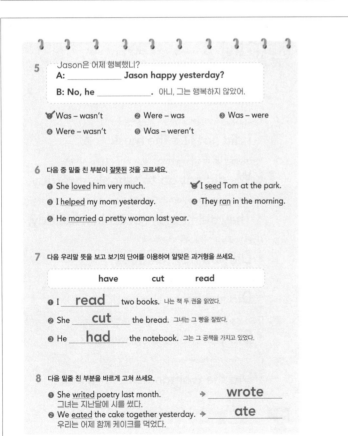

**9** 다음 그림을 보고 대화의 빈칸에 알맞은 말을 쓰세요.

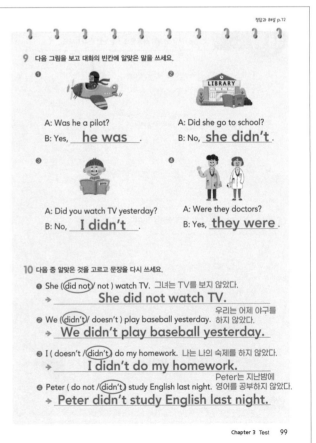

❶ A: Was he a pilot?
B: Yes, **he was** .

❷ A: Did she go to school?
B: No, **she didn't** .

❸ A: Did you watch TV yesterday?
B: No, **I didn't** .

❹ A: Were they doctors?
B: Yes, **they were** .

**10** 다음 중 알맞은 것을 고르고 문장을 다시 쓰세요.

❶ She ((did not)/ not ) watch TV. 그녀는 TV를 보지 않았다.
→ **She did not watch TV.**

❷ We ((didn't)/ doesn't ) play baseball yesterday. 우리는 어제 야구를 하지 않았다.
→ **We didn't play baseball yesterday.**

❸ I ( doesn't /(didn't)) do my homework. 나는 나의 숙제를 하지 않았다.
→ **I didn't do my homework.**

❹ Peter ( do not /(didn't)) study English last night. Peter는 지난밤에 영어를 공부하지 않았다.
→ **Peter didn't study English last night.**

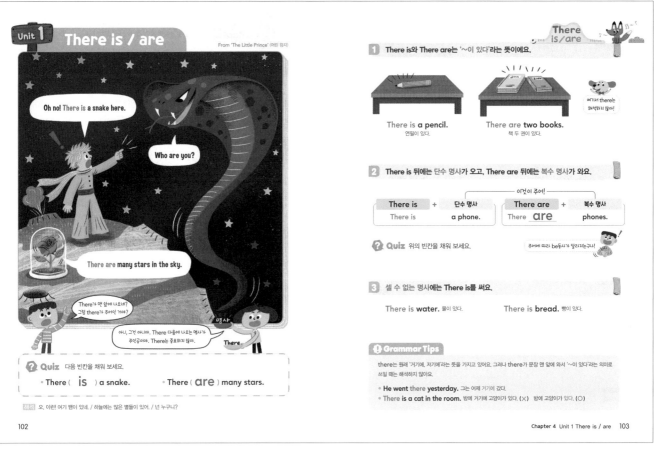

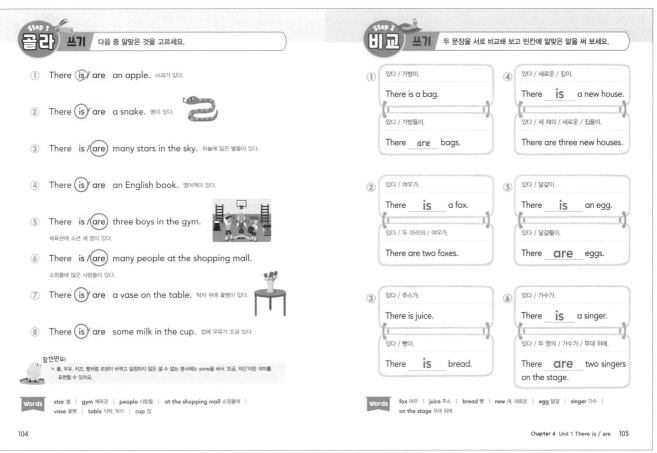

# BASIC 2  정답과 해설

## Step 3 채워 쓰기 — 빈칸에 알맞은 말을 쓰세요.

① There **are** many children in the park. 공원에 많은 아이들이 있다.

② There **is** a pen on the desk. 책상 위에 펜이 있다.

③ There **is** my sister in the room. 방에 내 여동생이 있다.

④ **There** are many caps. 많은 모자들이 있다.

⑤ There **are** five dancers on the stage. 무대 위에 무용수 다섯 명이 있다.

⑥ **There** **are** my friends. 내 친구들이 있다.

⑦ **There** **is** a black rose. 검은 장미 한 송이가 있다.

⑧ **There** **is** a house on the hill. 언덕 위에 집이 있다.

**Words**  children child(아이)의 복수형 | park 공원 | desk 책상 | sister 자매 | stage 무대 | rose 장미 | hill 언덕

106

## Step 4 고쳐 쓰기 — 밑줄 친 부분을 바르게 고쳐 문장을 써 보세요.

① There is books. 책들이 있다.
→ There are books.

② There are a ball in the gym. 체육관에 공 한 개가 있다.
→ There is a ball in the gym.

③ There am two bottles. 병 두 개가 있다.
→ There are two bottles.

④ There is animals in the zoo. 동물원에 동물들이 있다.
→ There are animals in the zoo.

⑤ There is six balloons. 풍선 여섯 개가 있다.
→ There are six balloons.

⑥ There am some cookies on the dish. 접시 위에 쿠키가 조금 있다.
→ There are some cookies on the dish.

⑦ There is many countries in the world. 세계에는 많은 나라들이 있다.
→ There are many countries in the world.

⑧ There are a wolf in the forest. 숲에 늑대가 있다.
→ There is a wolf in the forest.

**Words**  gym 체육관 | bottle 병 | animal 동물 | zoo 동물원 | balloon 풍선 | dish 접시 | country 나라 | world 세계 | wolf 늑대 | forest 숲

## Unit 2  There is / are 부정문, 의문문

From 'The Last Leaf' (마지막 잎새)

**Quiz** 위 그림에서 질문하는 문장인 의문문을 찾아 동그라미 하세요.

해석 잎이 다섯 장뿐이니? / 응, 그것뿐이야. / 그녀는 괜찮아질 거예요.

**1** There is / are 뒤에 not을 붙이면 '~이 없다'라는 뜻이 돼요.

| There | is / are | not |
|-------|----------|-----|

There is not a book on the desk. 책상 위에 책이 없다.
There are not any apples in the basket. 바구니 안에 사과가 전혀 없다.

부정문이나 의문문에서는 명사 앞에 any를 쓰는 게 자연스러워. any는 '전혀, 조금도'라는 뜻이야!

**2** There와 is / are의 순서를 바꾸면 의문문이 돼요. 문장 끝에 물음표 잊지 마!

There **is** a dog in the park. 공원에 개가 있다.

Is **there** a dog in the park? 공원에 개가 있니?

**Quiz** 위의 빈칸을 채워 보세요.

**3** 대답은 Yes 또는 No로 해요.

Is there a cat on the sofa? → Yes, there is.
소파 위에 고양이가 있니? → No, there isn't.

Are there any books in the bag? → Yes, there are.
가방 안에 책들이 있니? → No, there aren't.

### Grammar Tips

영어는 줄이는 것을 좋아한다고 했지요? There is not은 There isn't로, There are not은 There aren't로 줄여서 말해요.

• There is not = There isn't
• There are not = There aren't

108

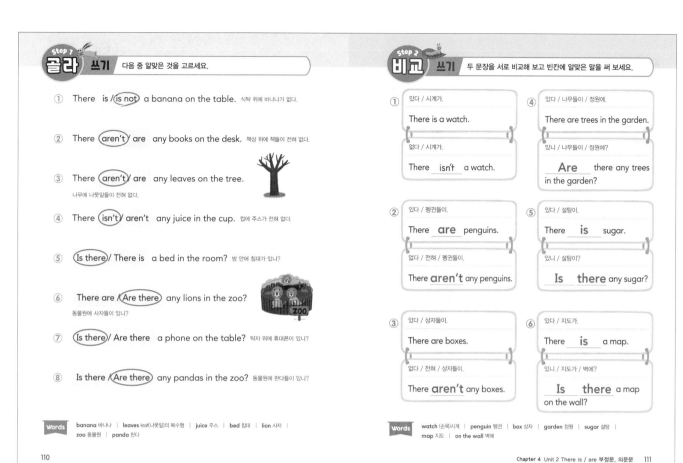

## Step 1 골라 쓰기 — 다음 중 알맞은 것을 고르세요.

① There is /(is not) a banana on the table. 식탁 위에 바나나가 없다.

② There (aren't) / are any books on the desk. 책상 위에 책들이 전혀 없다.

③ There (aren't) / are any leaves on the tree.
나무에 나뭇잎들이 전혀 없다.

④ There (isn't) / aren't any juice in the cup. 컵에 주스가 전혀 없다.

⑤ (Is there)/ There is a bed in the room? 방 안에 침대가 있니?

⑥ There are /(Are there) any lions in the zoo?
동물원에 사자들이 있니?

⑦ (Is there)/ Are there a phone on the table? 탁자 위에 휴대폰이 있니?

⑧ Is there /(Are there) any pandas in the zoo? 동물원에 판다들이 있니?

**Words** banana 바나나 | leaves leaf(나뭇잎)의 복수형 | juice 주스 | bed 침대 | lion 사자 | zoo 동물원 | panda 판다

110

## Step 2 비교 쓰기 — 두 문장을 서로 비교해 보고 빈칸에 알맞은 말을 써 보세요.

① 있다 / 시계가.
There is a watch.

없다 / 시계가.
There **isn't** a watch.

② 있다 / 펭귄들이.
There **are** penguins.

없다 / 전혀 / 펭귄들이.
There **aren't** any penguins.

③ 있다 / 상자들이.
There are boxes.

없다 / 전혀 / 상자들이.
There **aren't** any boxes.

④ 있다 / 나무들이 / 정원에.
There are trees in the garden.

있니 / 나무들이 / 정원에?
**Are** there any trees in the garden?

⑤ 있다 / 설탕이.
There **is** sugar.

있니 / 설탕이?
**Is** **there** any sugar?

⑥ 있다 / 지도가.
There **is** a map.

있니 / 지도가 / 벽에?
**Is** **there** a map on the wall?

**Words** watch (손목)시계 | penguin 펭귄 | box 상자 | garden 정원 | sugar 설탕 | map 지도 | on the wall 벽에

Chapter 4 Unit 2 There is / are 부정문, 의문문 111

## Step 3 채워 쓰기 — 우리말 뜻을 보고 빈칸을 채워 문장을 완성하세요.

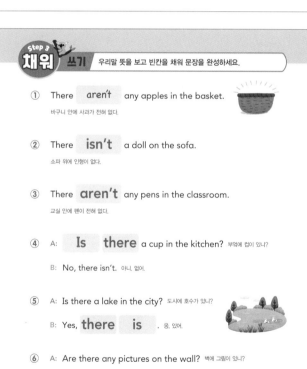

① There **aren't** any apples in the basket.
바구니 안에 사과가 전혀 없다.

② There **isn't** a doll on the sofa.
소파 위에 인형이 없다.

③ There **aren't** any pens in the classroom.
교실 안에 펜이 전혀 없다.

④ A: **Is** **there** a cup in the kitchen? 부엌에 컵이 있니?

B: No, there isn't. 아니, 없어.

⑤ A: Is there a lake in the city? 도시에 호수가 있니?

B: Yes, **there** **is** . 응, 있어.

⑥ A: Are there any pictures on the wall? 벽에 그림이 있니?

B: No, **there aren't** . 아니, 없어.

**Words** basket 바구니 | doll 인형 | classroom 교실 | cup 컵, 잔 | kitchen 부엌 | lake 호수 | city 도시 | picture 그림

112

## Step 4 고쳐 쓰기 — 밑줄 친 부분을 바르게 고쳐 문장을 써 보세요.

① There <u>are</u> any mountains in the city. 도시에 산이 전혀 없다.
→ There aren't any mountains in the city.

② There <u>aren't</u> a black ball in the box. 상자 안에 검은색 공이 없다.
→ There isn't a black ball in the box.

③ There <u>is</u> any boys in the room. 방에 소년들이 전혀 없다.
→ There aren't any boys in the room.

④ <u>Is there</u> any parks in your town? 너의 동네에 공원이 있니?
→ Are there any parks in your town?

⑤ <u>Are</u> there a singer on the stage? 무대 위에 가수가 있니?
→ Is there a singer on the stage?

⑥ <u>are There</u> kangaroos in Australia? 호주에 캥거루가 있니?
→ Are there kangaroos in Australia?

⑦ <u>Is there</u> any socks in the drawer? 서랍 안에 양말이 있니?
→ Are there any socks in the drawer?

⑧ <u>There is</u> a dog on the sofa? 소파 위에 개가 있니?
→ Is there a dog on the sofa?

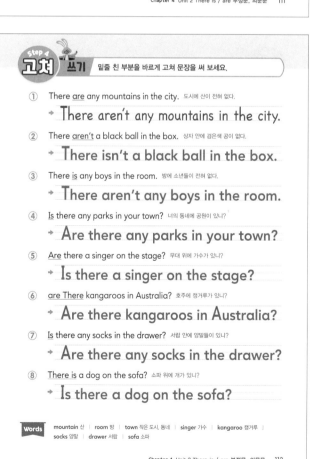

**Words** mountain 산 | room 방 | town 작은 도시, 동네 | singer 가수 | kangaroo 캥거루 | socks 양말 | drawer 서랍 | sofa 소파

Chapter 4 Unit 2 There is / are 부정문, 의문문 113

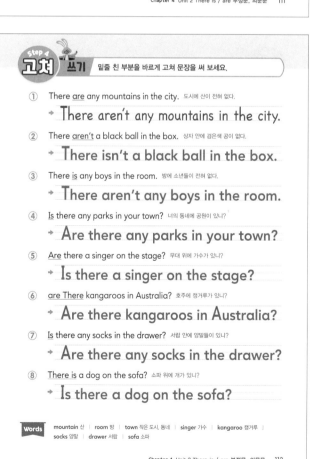

**Unit 3 명령문**

명령문

**1** '~해라'라고 명령할 때는 주어(You) 없이 동사 모양 그대로 말해요.

~~You~~ Open the door. 문을 열어라.

~~You~~ Listen carefully. 주의 깊이 들어라.

~~You~~ Be happy. 행복해라.

am, are, is의 원래 모양이 be인 거 알지?

**2** '~하지 마라'라고 명령할 때는 동사 앞에 Do not을 붙여요.

Do not open the door. 문 열지 마라.

**Do not** run in the classroom. 교실에서 뛰지 마라.

Do not be shy. 부끄러워하지 마라.

**❓ Quiz** 위의 빈칸을 채워 보세요.

Do not을 줄여서 Don't라고 해!  Don't

**3** 명령할 때 문장 맨 앞이나 뒤에 please를 쓰면 예의 바른 표현이 돼요.

Please sit down. 앉으세요.    Be quiet, please. 조용히 하세요.

**❗ Grammar Tips**

명령문에서는 왜 주어를 쓰지 않을까요? 그 이유는 말하는 사람과 말을 듣는 상대방 모두가 '~해라'라고 말하는 대상이 You(너)라는 것을 알고 있기 때문이에요.

나 말이야?  그렇지 너 말고 또 누가 있어?

**❓ Quiz** 왕이 왕비에게 한 말을 써 보세요.

• S t o p ! D o n ' t drink it!

정답 풀이 어서 덤벼라, 이 겁쟁이야! / 멈추시오! 그걸 마시지 마시오!

---

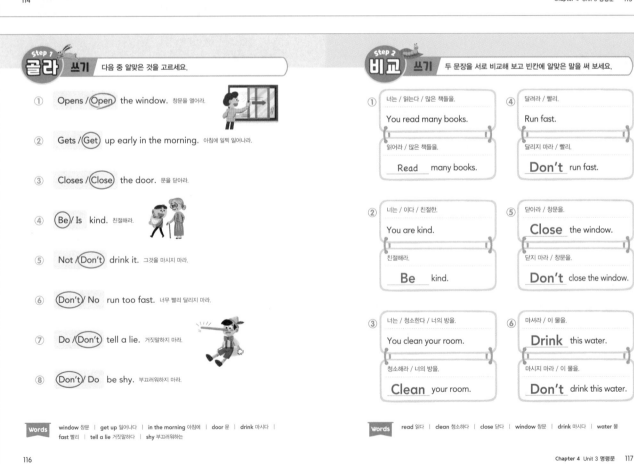

**Step 1 골라 쓰기** 다음 중 알맞은 것을 고르세요.

① Opens /(Open) the window. 창문을 열어라.

② Gets /(Get) up early in the morning. 아침에 일찍 일어나라.

③ Closes /(Close) the door. 문을 닫아라.

④ (Be)/ Is kind. 친절해라.

⑤ Not /(Don't) drink it. 그것을 마시지 마라.

⑥ (Don't)/ No run too fast. 너무 빨리 달리지 마라.

⑦ Do /(Don't) tell a lie. 거짓말하지 마라.

⑧ (Don't)/ Do be shy. 부끄러워하지 마라.

**Words** window 창문 | get up 일어나다 | in the morning 아침에 | door 문 | drink 마시다 |
fast 빨리 | tell a lie 거짓말하다 | shy 부끄러워하는

**Step 2 비교 쓰기** 두 문장을 서로 비교해 보고 빈칸에 알맞은 말을 써 보세요.

① 너는 / 읽는다 / 많은 책들을.
You read many books.
읽어라 / 많은 책들을.
**Read** many books.

② 너는 / 이다 / 친절한.
You are kind.
친절해라.
**Be** kind.

③ 너는 / 청소한다 / 너의 방을.
You clean your room.
청소해라 / 너의 방을.
**Clean** your room.

④ 달려라 / 빨리.
Run fast.
달리지 마라 / 빨리.
**Don't** run fast.

⑤ 닫아라 / 창문을.
**Close** the window.
닫지 마라 / 창문을.
**Don't** close the window.

⑥ 마셔라 / 이 물을.
**Drink** this water.
마시지 마라 / 이 물을.
**Don't** drink this water.

**Words** read 읽다 | clean 청소하다 | close 닫다 | window 창문 | drink 마시다 | water 물

**Step 3 채워 쓰기** 우리말 뜻을 보고 빈칸을 채워 문장을 완성하세요.

① G **o** to your room. 너의 방으로 가라.

② Lis **ten** carefully. 주의 깊이 들어라.

③ G **et** up early. 일찍 일어나라.

④ Dr **ink** this juice. 이 주스를 마셔라.

⑤ Be quiet, ple **ase** . 조용히 하세요.

⑥ **Don't** be late for school. 학교에 지각하지 마라.

⑦ **Be** kind to others. 다른 사람들에게 친절해라.

⑧ **Don't** eat too much ice cream.
아이스크림을 너무 많이 먹지 마라.

**Words** listen 듣다 | carefully 조심스럽게, 신중히 | early 일찍 | juice 주스 | quiet 조용한 |
be late for school 학교에 지각하다 | others 다른 사람들 | eat 먹다

118

**Step 4 고쳐 쓰기** 밑줄 친 부분을 바르게 고쳐 문장을 써 보세요.

① <u>Are</u> happy. 행복해라.
→ **Be happy.**

② <u>Looks</u> at that bird. 저 새를 봐.
→ **Look at that bird.**

③ <u>Opened</u> the window. 창문을 열어라.
→ **Open the window.**

④ <u>Not</u> run in the classroom. 교실에서 뛰지 마라.
→ **Don't run in the classroom.**

⑤ <u>Gets</u> up early. 일찍 일어나라.
→ **Get up early.**

⑥ Don't <u>telling</u> a lie. 거짓말하지 마라.
→ **Don't tell a lie.**

⑦ Don't <u>uses</u> your phone. 너의 휴대폰을 사용하지 마라.
→ **Don't use your phone.**

⑧ <u>Doesn't</u> go outside. 밖에 나가지 마라.
→ **Don't go outside.**

**Words** look at ~을 보다 | in the classroom 교실에서 | get up 일어나다 | tell 말하다 | lie 거짓말 |
use 사용하다 | phone 휴대폰 | outside 밖

Chapter 4 Unit 3 명령문 119

---

**Unit 4 제안문**

From 'The Adventures of Tom Sawyer' (톰 소여의 모험)

**Quiz** 해적 옷을 입은 톰이 친구들에게 무슨 말을 했는지 고르세요.
• Let's go! (    )          • Let's play pirates! ( ✓ )

해설 해적 놀이하자! / 좋아. 가자! / 와우! 너무 신난다.

120

**1** '~하자'라고 말할 때는 주어(You) 없이 동사 앞에 Let's를 붙여요.

Y~~ou~~  Let's go now. 지금 가자.

Y~~ou~~  Let's play soccer. 축구 하자.

Y~~ou~~  Let's sing a song together. 함께 노래 부르자.

**2** Let's 뒤에 오는 동사는 원래 모양 그대로 사용해요.

Let's reads books. (✕)    Let's read books. 책을 읽자. (○)

Let's watches TV. (✕)    Let's watch TV. TV를 보자. (○)

그냥 쓰면 되니까 편하네~

**3** '~하지 말자'라고 말할 때는 동사 앞에 Let's not을 붙여요.

Let's not go now. 지금 가지 말자.

Let's not watch TV. TV 보지 말자.

Let's **not** play basketball. 농구 하지 말자.

**Quiz** 위의 빈칸을 채워 보세요.

**Grammar Tips**

Let's는 Let us의 줄임말이지만 뜻은 완전히 다르니 주의하세요!
• Let's go. 가자.
• Let us go. 우리를 가게 해줘. / 우릴 보내줘.

줄임말이라고 다 뜻이 같은 건 아니구나!

Chapter 4 Unit 4 제안문 121

정답과 해설 **77**

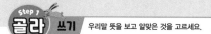

## Step 1 골라 쓰기
우리말 뜻을 보고 알맞은 것을 고르세요.

① (Let's)/ Let's not  go to the gym. 체육관에 가자.

② (Let's)/ Let's not  do homework. 숙제를 하자.

③ Let's /(Let's not)  have lunch now. 지금 점심 먹지 말자.

④ Let's /(Let's not)  watch TV. TV 보지 말자.

⑤ (Let's)/ Let's not  get on the bus. 버스 타자.

⑥ Let's /(Let's not)  play basketball on a rainy day.
비 오는 날에 농구를 하지 말자.

⑦ (Let's)/ Let's not  play the cello together.
함께 첼로를 연주하자.

⑧ Let's /(Let's not)  buy this pen. 이 펜을 사지 말자.

**Words**  gym 체육관 | do homework 숙제를 하다 | have lunch 점심 식사를 하다 | now 지금 |
get on 올라타다 | rainy 비가 오는 | buy 사다

122

## Step 2 비교 쓰기
두 문장을 서로 비교해 보고 빈칸에 알맞은 말을 써 보세요.

① 가자 / 공원에.
Let's go to the park.

가지 말자 / 공원에.
Let's  not  go to the park.

④ 보자 / TV를.
Let's watch TV.

보지 말자 / TV를.
Let's  not  watch TV.

② 씻자 / 우리의 손을.
Let's wash our hands.

씻지 말자 / 우리의 손을.
Let's  not  wash our hands.

⑤ 부르자 / 노래를.
Let's sing a song.

춤을 추자 / 함께.
Let's dance together.

③ 연주하자 / 피아노를.
Let's play the piano.

하지 말자 / 축구를.
Let's not play soccer.

⑥ 말하자 / 영어를.
Let's speak English.

말하지 말자 / 영어를.
Let's not speak English.

**Words**  park 공원 | wash one's hands 손을 씻다 | sing 노래하다 | dance 춤추다 |
speak 말하다

## Step 3 채워 쓰기
우리말 뜻을 보고 빈칸을 채워 문장을 완성하세요.

① Let's  play pirates. 해적 놀이하자.

② Let's  clean the room. 방을 청소하자.

③ Let's  not  play baseball. 야구하지 말자.

④ Let's  not  play the piano. 피아노를 연주하지 말자.

⑤ Let's  not go to the park now. 지금 공원에 가지 말자.

⑥ Let's  be happy. 행복하자.

⑦ Let's  not  sing at night. 밤에 노래 부르지 말자.

⑧ Let's  get up early tomorrow. 내일 일찍 일어나자.

**Words**  pirate 해적 | clean one's room 방을 청소하다 | baseball 야구 | park 공원 | now 지금 |
happy 행복한 | sing 노래하다 | night 밤 | get up 일어나다

124

## Step 4 고쳐 쓰기
밑줄 친 부분을 바르게 고쳐 문장을 써 보세요.

① Let's walks together. 함께 걷자.
→ Let's walk together.

② Wash let's our hands. 우리의 손을 씻자.
→ Let's wash our hands.

③ Let study English. 영어를 공부하자.
→ Let's study English.

④ Let's goes to the zoo. 동물원에 가자.
→ Let's go to the zoo.

⑤ Let not watch a movie. 영화 보지 말자.
→ Let's not watch a movie.

⑥ Brush let's our teeth. 우리의 이를 닦자.
→ Let's brush our teeth.

⑦ Let's plays baseball now. 지금 야구하자.
→ Let's play baseball now.

⑧ Not let's get on the bus. 버스 타지 말자.
→ Let's not get on the bus.

**Words**  walk 걷다 | hand 손 | zoo 동물원 | movie 영화 | brush one's teeth 이를 닦다 |
get on 올라타다 | bus 버스

## Review 지금까지 배운 것을 복습해봐요!

### There is / are

There + is / are + 주어

There is a vase.
There are six caps.

### 명령문

Open the window.
Be quiet.
Don't tell a lie.

### 제안문

Let's play the cello.
Let's be happy.

126

### Chapter 4 Test

정답과 해설 p.19

**1** 다음 중 밑줄 친 부분이 잘못된 것을 고르세요.

❶ There is a doll in the room.

❷ There are my cousins at the park.

❸ Is there a phone on the desk?

❹ There not are any pandas in the zoo.

☑ Are there any chairs in the classroom?

[2-4] 다음 빈칸에 들어갈 말을 고르세요.

**2** _____ go outside. 밖에 나가지 마라.

❶ Are ❷ Be ☑ Don't

❹ Play ❺ Is

**3** _____ kind to your little brother. 너의 남동생에게 친절해라.

❶ Is ❷ Am ❸ Are

☑ Be ❺ Do

**4** _____ brush our teeth. 우리의 이를 닦자.

❶ Not ☑ Let's ❸ Be

❹ Does ❺ Are

Chapter 4 Test 127

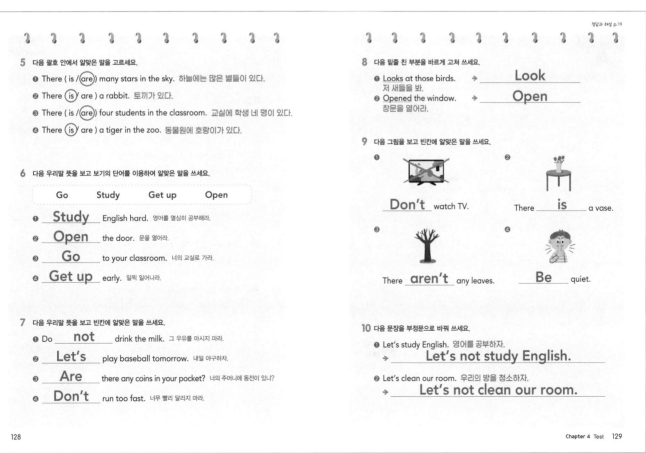

**5** 다음 괄호 안에서 알맞은 말을 고르세요.

❶ There ( is / are ) many stars in the sky. 하늘에는 많은 별들이 있다.

❷ There ( is / are ) a rabbit. 토끼가 있다.

❸ There ( is / are ) four students in the classroom. 교실에 학생 네 명이 있다.

❹ There ( is / are ) a tiger in the zoo. 동물원에 호랑이가 있다.

**6** 다음 우리말 뜻을 보고 보기의 단어를 이용하여 알맞은 말을 쓰세요.

Go    Study    Get up    Open

❶ **Study** English hard. 영어를 열심히 공부해라.

❷ **Open** the door. 문을 열어라.

❸ **Go** to your classroom. 너의 교실로 가라.

❹ **Get up** early. 일찍 일어나라.

**7** 다음 우리말 뜻을 보고 빈칸에 알맞은 말을 쓰세요.

❶ Do **not** drink the milk. 그 우유를 마시지 마라.

❷ **Let's** play baseball tomorrow. 내일 야구하자.

❸ **Are** there any coins in your pocket? 너의 주머니에 동전이 있니?

❹ **Don't** run too fast. 너무 빨리 달리지 마라.

128

**8** 다음 밑줄 친 부분을 바르게 고쳐 쓰세요.

❶ Looks at those birds. → **Look**
저 새들을 봐.

❷ Opened the window. → **Open**
창문을 열어라.

**9** 다음 그림을 보고 빈칸에 알맞은 말을 쓰세요.

❶ **Don't** watch TV.

❷ There **is** a vase.

❸ There **aren't** any leaves.

❹ **Be** quiet.

**10** 다음 문장을 부정문으로 바꿔 쓰세요.

❶ Let's study English. 영어를 공부하자.
→ **Let's not study English.**

❷ Let's clean our room. 우리의 방을 청소하자.
→ **Let's not clean our room.**

Chapter 4 Test 129

정답과 해설 **79**

# BASIC 2 Workbook 정답과 해설

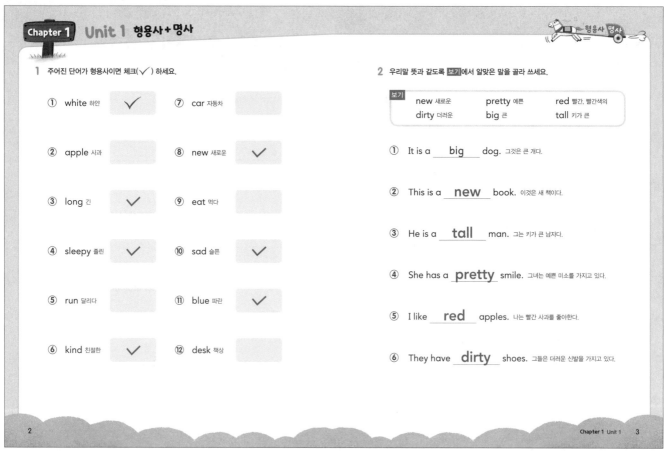

**Chapter 1** **Unit 1** 형용사 + 명사 — 형용사 명사

**1** 주어진 단어가 형용사이면 체크(✓) 하세요.

① white 하얀 ✓  ⑦ car 자동차
② apple 사과  ⑧ new 새로운 ✓
③ long 긴 ✓  ⑨ eat 먹다
④ sleepy 졸린 ✓  ⑩ sad 슬픈 ✓
⑤ run 달리다  ⑪ blue 파란 ✓
⑥ kind 친절한 ✓  ⑫ desk 책상

**2** 우리말 뜻과 같도록 보기에서 알맞은 말을 골라 쓰세요.

보기
new 새로운  pretty 예쁜  red 빨간, 빨간색의
dirty 더러운  big 큰  tall 키가 큰

① It is a __big__ dog. 그것은 큰 개다.
② This is a __new__ book. 이것은 새 책이다.
③ He is a __tall__ man. 그는 키가 큰 남자다.
④ She has a __pretty__ smile. 그녀는 예쁜 미소를 가지고 있다.
⑤ I like __red__ apples. 나는 빨간 사과를 좋아한다.
⑥ They have __dirty__ shoes. 그들은 더러운 신발을 가지고 있다.

2  Chapter 1 Unit 1  3

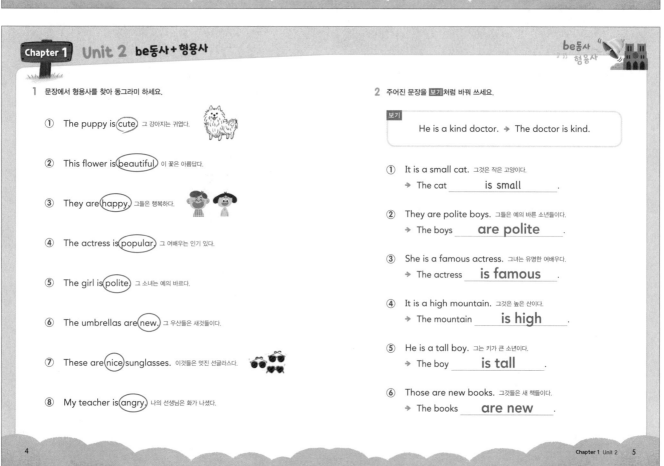

**Chapter 1** **Unit 2** be동사 + 형용사 — be동사 형용사

**1** 문장에서 형용사를 찾아 동그라미 하세요.

① The puppy is (cute). 그 강아지는 귀엽다.
② This flower is (beautiful). 이 꽃은 아름답다.
③ They are (happy). 그들은 행복하다.
④ The actress is (popular). 그 여배우는 인기 있다.
⑤ The girl is (polite). 그 소녀는 예의 바르다.
⑥ The umbrellas are (new). 그 우산들은 새것들이다.
⑦ These are (nice) sunglasses. 이것들은 멋진 선글라스다.
⑧ My teacher is (angry). 나의 선생님은 화가 나셨다.

**2** 주어진 문장을 보기처럼 바꿔 쓰세요.

보기
He is a kind doctor. ➔ The doctor is kind.

① It is a small cat. 그것은 작은 고양이다.
➔ The cat __is small__.
② They are polite boys. 그들은 예의 바른 소년이다.
➔ The boys __are polite__.
③ She is a famous actress. 그녀는 유명한 여배우다.
➔ The actress __is famous__.
④ It is a high mountain. 그것은 높은 산이다.
➔ The mountain __is high__.
⑤ He is a tall boy. 그는 키가 큰 소년이다.
➔ The boy __is tall__.
⑥ Those are new books. 그것들은 새 책들이다.
➔ The books __are new__.

4  Chapter 1 Unit 2  5

**1** 문장에서 부사를 찾아 동그라미 하세요.

① He helps me (kindly). 그는 나를 친절하게 도와준다.

② She sings (loudly). 그녀는 큰 소리로 노래한다.

③ He solves the problem (easily). 그는 그 문제를 쉽게 푼다.

④ The gloves are (too) small for me. 그 장갑은 나에게 너무 작다.

⑤ They smile (happily). 그들은 행복하게 웃는다.

⑥ The ball is (very) big. 그 공은 매우 크다.

⑦ The babies cry (sadly). 그 아기들은 슬프게 운다.

⑧ Tom eats (slowly). Tom은 느리게 먹는다.

**2** 주어진 형용사를 부사로 바꿔 쓰세요.

① happy ▶ They live __happily__ .
그들은 행복하게 산다.

② quiet ▶ We speak __quietly__ .
우리는 조용히 말한다.

③ sad ▶ He cries __sadly__ .
그는 슬프게 운다.

④ slow ▶ She runs __slowly__ .
그녀는 느리게 달린다.

⑤ kind ▶ My teacher speaks __kindly__ .
나의 선생님은 친절하게 말씀하신다.

⑥ easy ▶ He reads the book __easily__ .
그는 그 책을 쉽게 읽는다.

⑦ quick ▶ The children swim __quickly__ .
그 아이들은 빠르게 수영한다.

⑧ loud ▶ The boys sing __loudly__ .
그 소년들은 큰 소리로 노래한다.

**1** 그림을 보고 알맞은 것을 고르세요.

① at / on / (in) March 3월에

② (at) / on / in 10:30 10시 30분에

③ at / (on) / in Friday 금요일에

④ (at) / on / in 3 o'clock 3시 정각에

⑤ at / (on) / in May 2nd 5월 2일에

⑥ at / on / (in) summer 여름에

**2** 우리말 뜻과 같도록 보기에서 알맞은 말을 골라 쓰세요.

보기　　on　　under　　in

① The box is __under__ the chair.
상자가 의자 아래에 있다.

② The apples are __in__ the basket.
사과들이 바구니 안에 있다.

③ My dog is __on__ the sofa.
내 개는 소파 위에 있다.

④ The books are __in__ my bag.
책들은 내 가방 안에 있다.

⑤ There are shoes __under__ the bed.
침대 아래에 신발들이 있다.

⑥ The boy is __in__ his room.
그 소년은 그의 방 안에 있다.

⑦ There is a cup __on__ the table.
식탁 위에 컵이 있다.

⑧ The children are __under__ the tree.
그 아이들은 나무 아래에 있다.

# BASIC 2 Workbook 정답과 해설

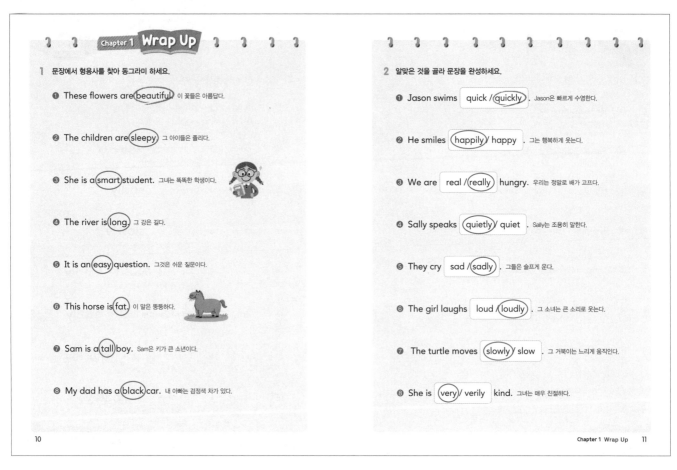

**1** 문장에서 형용사를 찾아 동그라미 하세요.

❶ These flowers are (beautiful). 이 꽃들은 아름답다.

❷ The children are (sleepy). 그 아이들은 졸리다.

❸ She is a (smart) student. 그녀는 똑똑한 학생이다.

❹ The river is (long). 그 강은 길다.

❺ It is an (easy) question. 그것은 쉬운 질문이다.

❻ This horse is (fat). 이 말은 뚱뚱하다.

❼ Sam is a (tall) boy. Sam은 키가 큰 소년이다.

❽ My dad has a (black) car. 내 아빠는 검정색 차가 있다.

**2** 알맞은 것을 골라 문장을 완성하세요.

❶ Jason swims quick /(quickly). Jason은 빠르게 수영한다.

❷ He smiles (happily)/ happy. 그는 행복하게 웃는다.

❸ We are real /(really) hungry. 우리는 정말로 배가 고프다.

❹ Sally speaks (quietly)/ quiet. Sally는 조용히 말한다.

❺ They cry sad /(sadly). 그들은 슬프게 운다.

❻ The girl laughs loud /(loudly). 그 소녀는 큰 소리로 웃는다.

❼ The turtle moves (slowly)/ slow. 그 거북이는 느리게 움직인다.

❽ She is (very)/ verily kind. 그녀는 매우 친절하다.

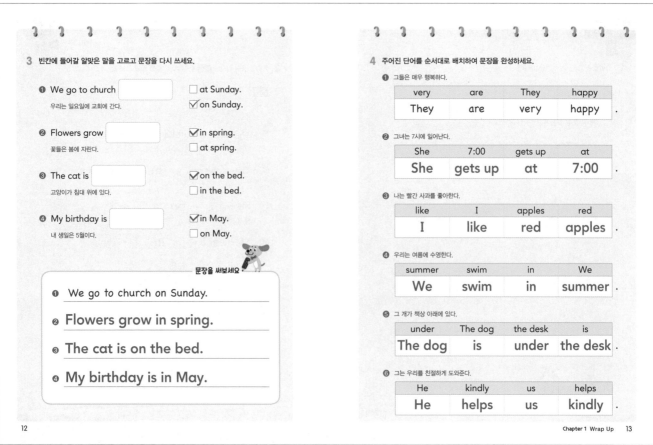

**3** 빈칸에 들어갈 알맞은 말을 고르고 문장을 다시 쓰세요.

❶ We go to church [　] ☐ at Sunday.
우리는 일요일에 교회에 간다. ☑ on Sunday.

❷ Flowers grow [　] ☑ in spring.
꽃들은 봄에 자란다. ☐ at spring.

❸ The cat is [　] ☑ on the bed.
고양이가 침대 위에 있다. ☐ in the bed.

❹ My birthday is [　] ☑ in May.
내 생일은 5월이다. ☐ on May.

문장을 써보세요

❶ We go to church on Sunday.

❷ Flowers grow in spring.

❸ The cat is on the bed.

❹ My birthday is in May.

**4** 주어진 단어를 순서대로 배치하여 문장을 완성하세요.

❶ 그들은 매우 행복하다.

| very | are | They | happy |
|------|------|------|-------|
| They | are | very | happy |
.

❷ 그녀는 7시에 일어난다.

| She | 7:00 | gets up | at |
|-----|------|---------|-----|
| She | gets up | at | 7:00 |
.

❸ 나는 빨간 사과를 좋아한다.

| like | I | apples | red |
|------|---|--------|-----|
| I | like | red | apples |
.

❹ 우리는 여름에 수영한다.

| summer | swim | in | We |
|--------|------|-----|-----|
| We | swim | in | summer |
.

❺ 그 개가 책상 아래에 있다.

| under | The dog | the desk | is |
|-------|---------|----------|-----|
| The dog | is | under | the desk |
.

❻ 그는 우리를 친절하게 도와준다.

| He | kindly | us | helps |
|----|--------|-----|-------|
| He | helps | us | kindly |
.

**1** 알맞은 것을 골라 문장을 완성하세요.

① She can (speak) / speaks Spanish. 그녀는 스페인어를 말할 수 있다.

② My brother cans / (can) drive. 내 형은 운전할 수 있다.

③ I play can / (can play) the guitar. 나는 기타를 연주할 수 있다.

④ We can dances / (dance) ballet. 우리는 발레를 출 수 있다.

⑤ They (can swim) / swim can fast. 그들은 빠르게 수영할 수 있다.

⑥ Judy can rides / (ride) a bike. Judy는 자전거를 탈 수 있다.

⑦ The bird fly can / (can fly) high. 그 새는 높이 날 수 있다.

⑧ I can (jump) / jumps very high. 나는 매우 높이 뛸 수 있다.

**2** 우리말 뜻과 같도록 보기의 단어와 can을 이용해 쓰세요.

보기
| run 달리다 | write 쓰다 | sing 노래하다 |
| climb 오르다 | speak 말하다 | make 만들다 |

① He __can__ __make__ cookies.
그는 쿠키를 만들 수 있다.

② She __can__ __run__ fast.
그녀는 빠르게 달릴 수 있다.

③ Tom __can__ __speak__ Russian.
Tom은 러시아어를 말할 수 있다.

④ My sister __can__ __write__ her name.
내 여동생은 그녀의 이름을 쓸 수 있다.

⑤ I __can__ __sing__ well.
나는 노래를 잘할 수 있다.

⑥ We __can__ __climb__ a tree.
우리는 나무를 오를 수 있다.

14    

---

**1** 알맞은 것을 골라 문장을 완성하세요.

① She will goes / (will go) to school tomorrow.
그녀는 내일 학교에 갈 것이다.

② They will (study) / studies English.
그들은 영어를 공부할 것이다.

③ We watch will / (will watch) TV after dinner.
우리는 저녁 식사 후에 TV를 볼 것이다.

④ It be will / (will be) sunny tomorrow.
내일은 화창할 것이다.

⑤ They will (play) / plays the cello together.
그들은 함께 첼로를 연주할 것이다.

⑥ I help will / (will help) my dad.
나는 내 아빠를 도울 것이다.

⑦ Jerry (will be) / will is 10 years old next week.
Jerry는 다음 주에 10살이 될 것이다.

⑧ She (will play) / play will soccer with her friends.
그녀는 그녀의 친구들과 축구를 할 것이다.

**2** 우리말 뜻과 같도록 보기의 단어와 will을 이용해 쓰세요.

보기
| sleep 자다 | go 가다 | buy 사다 |
| play 연주하다 | meet 만나다 | study 공부하다 |

① My brother __will__ __study__ science.
내 남동생은 과학을 공부할 것이다.

② We __will__ __meet__ our friends tomorrow.
우리는 내일 우리의 친구들을 만날 것이다.

③ She __will__ __play__ the violin.
그녀는 바이올린을 연주할 것이다.

④ They __will__ __buy__ new shoes.
그들은 새로운 신발들을 살 것이다.

⑤ I __will__ __sleep__ at 10 p.m.
나는 밤 10시에 잘 것이다.

⑥ He __will__ __go__ to the library.
그는 그 도서관에 갈 것이다.

16    

# BASIC 2 Workbook 정답과 해설

**Unit 3** 조동사 can, will의 부정문

**1** 우리말 뜻과 같도록 알맞은 것을 고르세요.

① We can /(can't) speak Chinese. 우리는 중국어를 말할 수 없다.

② I (can't)/ not can ride a bike. 나는 자전거를 탈 수 없다.

③ She (can't ski)/ ski can't . 그녀는 스키를 탈 수 없다.

④ They can /(cannot) drive a car. 그들은 차를 운전할 수 없다.

⑤ He will /(will not) do his homework.
그는 그의 숙제를 하지 않을 것이다.

⑥ I (won't)/ will play computer games.
나는 컴퓨터 게임을 하지 않을 것이다.

⑦ Jerry go won't /(won't go) to the library.
Jerry는 그 도서관에 가지 않을 것이다.

⑧ She (will not)/ not will clean her room.
그녀는 그녀의 방을 청소하지 않을 것이다.

**2** 주어진 문장을 부정문으로 바꿔 쓰세요.

① This bird can fly. 이 새는 하늘을 날 수 있다.
→ This bird ___can't fly___ .

② Tom can run fast. Tom은 빨리 달릴 수 있다.
→ Tom ___can't run___ fast.

③ We can speak Spanish. 우리는 스페인어를 말할 수 있다.
→ We ___can't speak___ Spanish.

④ She can play the guitar. 그녀는 기타를 연주할 수 있다.
→ She ___can't play___ the guitar.

⑤ I will study math. 나는 수학을 공부할 것이다.
→ I ___won't study___ math.

⑥ It will be hot tomorrow. 내일은 더울 것이다.
→ It ___won't be___ hot tomorrow.

⑦ He will play baseball after school. 그는 방과 후에 야구를 할 것이다.
→ He ___won't play___ baseball after school.

⑧ They will see a movie tonight. 그들은 오늘 밤에 영화를 볼 것이다.
→ They ___won't see___ a movie tonight.

---

**Unit 4** 조동사 can, will의 의문문

**1** 주어진 문장을 의문문으로 바꿔 쓰세요.

① She can run fast. 그녀는 빨리 달릴 수 있다.
→ ___Can she run___ fast?

② Tony can ride a bike. Tony는 자전거를 탈 수 있다.
→ ___Can Tony ride___ a bike?

③ You can make pizza. 너는 피자를 만들 수 있다.
→ ___Can you make___ pizza?

④ He can write Korean. 그는 한국어를 쓸 수 있다.
→ ___Can he write___ Korean?

⑤ Jerry will invite us. Jerry는 우리를 초대할 것이다.
→ ___Will Jerry invite___ us?

⑥ They will read books. 그들은 책을 읽을 것이다.
→ ___Will they read___ books?

⑦ She will come back. 그녀는 돌아올 것이다.
→ ___Will she come___ back?

⑧ It will rain tomorrow. 내일은 비가 올 것이다.
→ ___Will it rain___ tomorrow?

**2** 빈칸을 채워 대화를 완성하세요.

① A: Can they speak Spanish? 그들은 스페인어를 말할 수 있니?
B: Yes, they ___can___ .

② A: Can you fix the computer? 너는 그 컴퓨터를 고칠 수 있니?
B: No, I ___can't___ .

③ A: Can she drink coffee? 그녀는 커피를 마실 수 있니?
B: ___Yes___ , she can.

④ A: Will you buy this bag? 너는 이 가방을 살 거니?
B: No, I ___won't___ .

⑤ A: Will it snow tomorrow? 내일 눈이 올 거니?
B: Yes, ___it___ ___will___ .

⑥ A: Will he do the dishes? 그는 설거지를 할 거니?
B: Yes, ___he___ ___will___ .

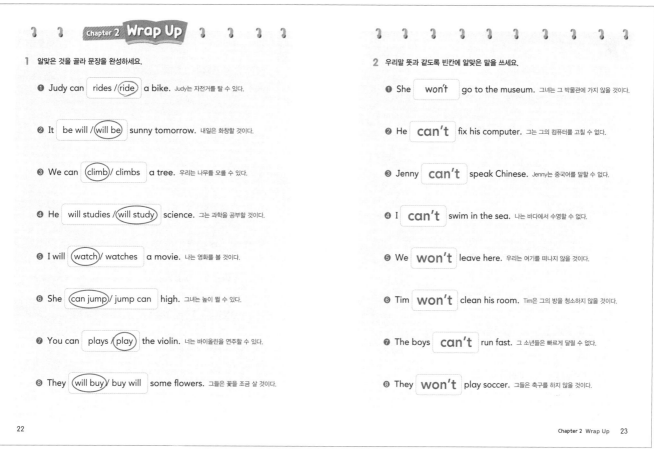

**1** 알맞은 것을 골라 문장을 완성하세요.

❶ Judy can rides /(ride) a bike. Judy는 자전거를 탈 수 있다.

❷ It be will /(will be) sunny tomorrow. 내일은 화창할 것이다.

❸ We can (climb)/ climbs a tree. 우리는 나무를 오를 수 있다.

❹ He will studies /(will study) science. 그는 과학을 공부할 것이다.

❺ I will (watch)/ watches a movie. 나는 영화를 볼 것이다.

❻ She (can jump)/ jump can high. 그녀는 높이 뛸 수 있다.

❼ You can plays /(play) the violin. 너는 바이올린을 연주할 수 있다.

❽ They (will buy)/ buy will some flowers. 그들은 꽃을 조금 살 것이다.

**2** 우리말 뜻과 같도록 빈칸에 알맞은 말을 쓰세요.

❶ She **won't** go to the museum. 그녀는 그 박물관에 가지 않을 것이다.

❷ He **can't** fix his computer. 그는 그의 컴퓨터를 고칠 수 없다.

❸ Jenny **can't** speak Chinese. Jenny는 중국어를 말할 수 없다.

❹ I **can't** swim in the sea. 나는 바다에서 수영할 수 없다.

❺ We **won't** leave here. 우리는 여기를 떠나지 않을 것이다.

❻ Tim **won't** clean his room. Tim은 그의 방을 청소하지 않을 것이다.

❼ The boys **can't** run fast. 그 소년들은 빠르게 달릴 수 없다.

❽ They **won't** play soccer. 그들은 축구를 하지 않을 것이다.

22    Chapter 2 Wrap Up    23

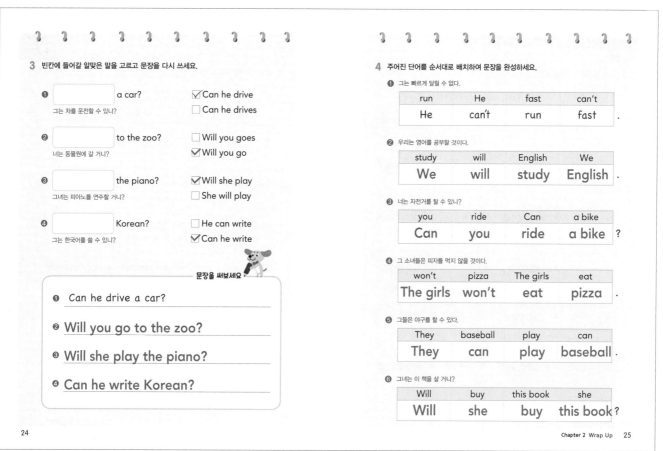

**3** 빈칸에 들어갈 알맞은 말을 고르고 문장을 다시 쓰세요.

❶ [          ] a car?    ☑ Can he drive
그는 차를 운전할 수 있니?    ☐ Can he drives

❷ [          ] to the zoo?    ☐ Will you goes
너는 동물원에 갈 거니?    ☑ Will you go

❸ [          ] the piano?    ☑ Will she play
그녀는 피아노를 연주할 거니?    ☐ She will play

❹ [          ] Korean?    ☐ He can write
그는 한국어를 쓸 수 있니?    ☑ Can he write

문장을 써보세요

❶ Can he drive a car?

❷ Will you go to the zoo?

❸ Will she play the piano?

❹ Can he write Korean?

**4** 주어진 단어를 순서대로 배치하여 문장을 완성하세요.

❶ 그는 빠르게 달릴 수 없다.

| run | He | fast | can't |
|---|---|---|---|
| He | can't | run | fast |

.

❷ 우리는 영어를 공부할 것이다.

| study | will | English | We |
|---|---|---|---|
| We | will | study | English |

.

❸ 너는 자전거를 탈 수 있니?

| you | ride | Can | a bike |
|---|---|---|---|
| Can | you | ride | a bike |

?

❹ 그 소녀들은 피자를 먹지 않을 것이다.

| won't | pizza | The girls | eat |
|---|---|---|---|
| The girls | won't | eat | pizza |

.

❺ 그들은 야구를 할 수 있다.

| They | baseball | play | can |
|---|---|---|---|
| They | can | play | baseball |

.

❻ 그녀는 이 책을 살 거니?

| Will | buy | this book | she |
|---|---|---|---|
| Will | she | buy | this book |

?

24    Chapter 2 Wrap Up    25

# BASIC 2 Workbook 정답과 해설

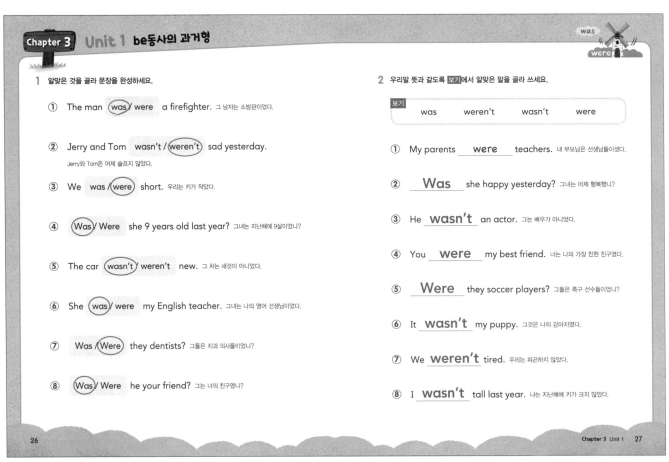

**Unit 1 be동사의 과거형**

was
were

**1** 알맞은 것을 골라 문장을 완성하세요.

① The man (was)/ were  a firefighter. 그 남자는 소방관이었다.

② Jerry and Tom  wasn't /(weren't)  sad yesterday.
Jerry와 Tom은 어제 슬프지 않았다.

③ We  was /(were)  short. 우리는 키가 작았다.

④ (Was)/ Were  she 9 years old last year? 그녀는 지난해에 9살이었니?

⑤ The car (wasn't)/ weren't  new. 그 차는 새것이 아니었다.

⑥ She (was)/ were  my English teacher. 그녀는 나의 영어 선생님이었다.

⑦ Was /(Were)  they dentists? 그들은 치과 의사들이었니?

⑧ (Was)/ Were  he your friend? 그는 너의 친구였니?

**2** 우리말 뜻과 같도록 보기에서 알맞은 말을 골라 쓰세요.

보기  was    weren't    wasn't    were

① My parents __were__ teachers. 내 부모님은 선생님들이셨다.

② __Was__ she happy yesterday? 그녀는 어제 행복했니?

③ He __wasn't__ an actor. 그는 배우가 아니었다.

④ You __were__ my best friend. 너는 나의 가장 친한 친구였다.

⑤ __Were__ they soccer players? 그들은 축구 선수들이었니?

⑥ It __wasn't__ my puppy. 그것은 나의 강아지였다.

⑦ We __weren't__ tired. 우리는 피곤하지 않았다.

⑧ I __wasn't__ tall last year. 나는 지난해에 키가 크지 않았다.

26

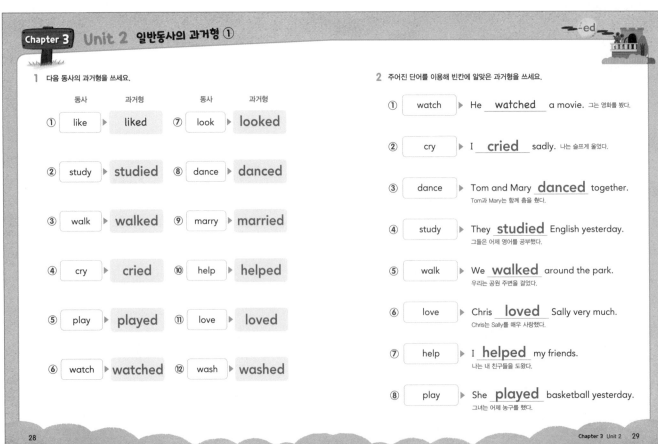

**Unit 2 일반동사의 과거형 ①**

-ed

**1** 다음 동사의 과거형을 쓰세요.

| 동사 | 과거형 | 동사 | 과거형 |
|---|---|---|---|
| ① like | liked | ⑦ look | looked |
| ② study | studied | ⑧ dance | danced |
| ③ walk | walked | ⑨ marry | married |
| ④ cry | cried | ⑩ help | helped |
| ⑤ play | played | ⑪ love | loved |
| ⑥ watch | watched | ⑫ wash | washed |

**2** 주어진 단어를 이용해 빈칸에 알맞은 과거형을 쓰세요.

① watch ▶ He __watched__ a movie. 그는 영화를 봤다.

② cry ▶ I __cried__ sadly. 나는 슬프게 울었다.

③ dance ▶ Tom and Mary __danced__ together.
Tom과 Mary는 함께 춤을 췄다.

④ study ▶ They __studied__ English yesterday.
그들은 어제 영어를 공부했다.

⑤ walk ▶ We __walked__ around the park.
우리는 공원 주변을 걸었다.

⑥ love ▶ Chris __loved__ Sally very much.
Chris는 Sally를 매우 사랑했다.

⑦ help ▶ I __helped__ my friends.
나는 내 친구들을 도왔다.

⑧ play ▶ She __played__ basketball yesterday.
그녀는 어제 농구를 했다.

28

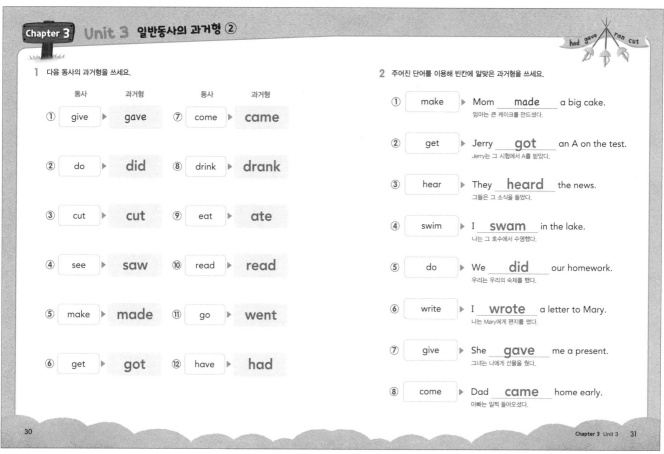

1  다음 동사의 과거형을 쓰세요.

| 동사 | 과거형 | 동사 | 과거형 |
|------|--------|------|--------|
| ① give | gave | ⑦ come | came |
| ② do | did | ⑧ drink | drank |
| ③ cut | cut | ⑨ eat | ate |
| ④ see | saw | ⑩ read | read |
| ⑤ make | made | ⑪ go | went |
| ⑥ get | got | ⑫ have | had |

2  주어진 단어를 이용해 빈칸에 알맞은 과거형을 쓰세요.

① make ▶ Mom **made** a big cake.
엄마는 큰 케이크를 만드셨다.

② get ▶ Jerry **got** an A on the test.
Jerry는 그 시험에서 A를 받았다.

③ hear ▶ They **heard** the news.
그들은 그 소식을 들었다.

④ swim ▶ I **swam** in the lake.
나는 그 호수에서 수영했다.

⑤ do ▶ We **did** our homework.
우리는 우리의 숙제를 했다.

⑥ write ▶ I **wrote** a letter to Mary.
나는 Mary에게 편지를 썼다.

⑦ give ▶ She **gave** me a present.
그녀는 나에게 선물을 줬다.

⑧ come ▶ Dad **came** home early.
아빠는 일찍 들어오셨다.

30                                                    Chapter 3  Unit 3  31

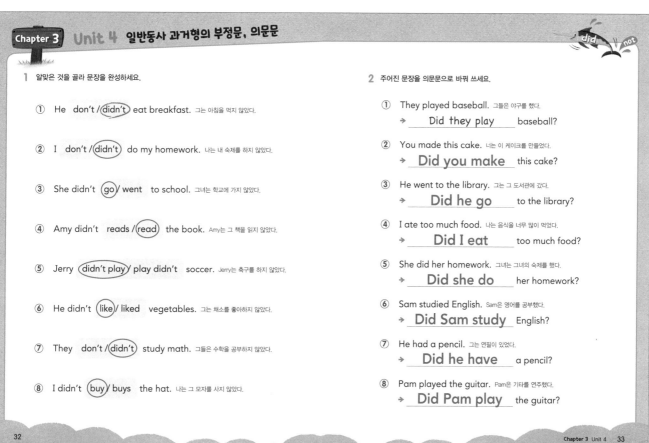

1  알맞은 것을 골라 문장을 완성하세요.

① He  don't /(didn't) eat breakfast. 그는 아침을 먹지 않았다.

② I  don't /(didn't) do my homework. 나는 내 숙제를 하지 않았다.

③ She didn't (go)/ went  to school. 그녀는 학교에 가지 않았다.

④ Amy didn't  reads /(read) the book. Amy는 그 책을 읽지 않았다.

⑤ Jerry (didn't play)/ play didn't  soccer. Jerry는 축구를 하지 않았다.

⑥ He didn't (like)/ liked  vegetables. 그는 채소를 좋아하지 않았다.

⑦ They  don't /(didn't) study math. 그들은 수학을 공부하지 않았다.

⑧ I didn't (buy)/ buys  the hat. 나는 그 모자를 사지 않았다.

2  주어진 문장을 의문문으로 바꿔 쓰세요.

① They played baseball. 그들은 야구를 했다.
→ **Did they play** baseball?

② You made this cake. 너는 이 케이크를 만들었다.
→ **Did you make** this cake?

③ He went to the library. 그는 그 도서관에 갔다.
→ **Did he go** to the library?

④ I ate too much food. 나는 음식을 너무 많이 먹었다.
→ **Did I eat** too much food?

⑤ She did her homework. 그녀는 그녀의 숙제를 했다.
→ **Did she do** her homework?

⑥ Sam studied English. Sam은 영어를 공부했다.
→ **Did Sam study** English?

⑦ He had a pencil. 그는 연필이 있었다.
→ **Did he have** a pencil?

⑧ Pam played the guitar. Pam은 기타를 연주했다.
→ **Did Pam play** the guitar?

32                                                    Chapter 3  Unit 4  33

# BASIC 2 Workbook 정답과 해설

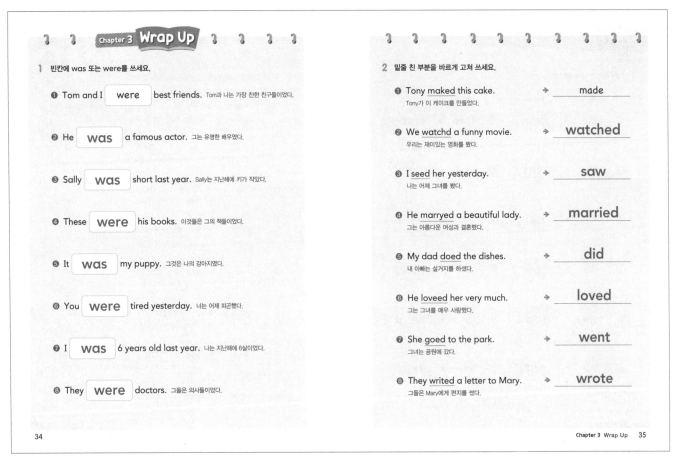

## Chapter 3 Wrap Up

**1** 빈칸에 was 또는 were를 쓰세요.

❶ Tom and I **were** best friends. Tom과 나는 가장 친한 친구들이었다.

❷ He **was** a famous actor. 그는 유명한 배우였다.

❸ Sally **was** short last year. Sally는 지난해에 키가 작았다.

❹ These **were** his books. 이것들은 그의 책들이었다.

❺ It **was** my puppy. 그것은 나의 강아지였다.

❻ You **were** tired yesterday. 너는 어제 피곤했다.

❼ I **was** 6 years old last year. 나는 지난해에 6살이었다.

❽ They **were** doctors. 그들은 의사들이었다.

34

**2** 밑줄 친 부분을 바르게 고쳐 쓰세요.

❶ Tony maked this cake. → **made**
Tony가 이 케이크를 만들었다.

❷ We watchd a funny movie. → **watched**
우리는 재미있는 영화를 봤다.

❸ I seed her yesterday. → **saw**
나는 어제 그녀를 봤다.

❹ He marryed a beautiful lady. → **married**
그는 아름다운 여성과 결혼했다.

❺ My dad doed the dishes. → **did**
내 아빠는 설거지를 하셨다.

❻ He loveed her very much. → **loved**
그는 그녀를 매우 사랑했다.

❼ She goed to the park. → **went**
그녀는 공원에 갔다.

❽ They writed a letter to Mary. → **wrote**
그들은 Mary에게 편지를 썼다.

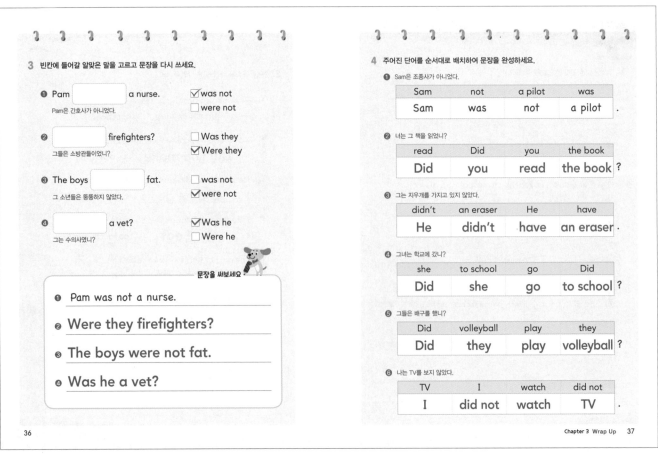

**3** 빈칸에 들어갈 알맞은 말을 고르고 문장을 다시 쓰세요.

❶ Pam ____ a nurse.    ☑ was not  ☐ were not
Pam은 간호사가 아니었다.

❷ ____ firefighters?    ☐ Was they  ☑ Were they
그들은 소방관들이었니?

❸ The boys ____ fat.    ☐ was not  ☑ were not
그 소년들은 뚱뚱하지 않았다.

❹ ____ a vet?    ☑ Was he  ☐ Were he
그는 수의사였니?

문장을 써보세요

❶ Pam was not a nurse.

❷ Were they firefighters?

❸ The boys were not fat.

❹ Was he a vet?

36

**4** 주어진 단어를 순서대로 배치하여 문장을 완성하세요.

❶ Sam은 조종사가 아니었다.

| Sam | not | a pilot | was |
|---|---|---|---|
| Sam | was | not | a pilot | .

❷ 너는 그 책을 읽었니?

| read | Did | you | the book |
|---|---|---|---|
| Did | you | read | the book | ?

❸ 그는 지우개를 가지고 있지 않았다.

| didn't | an eraser | He | have |
|---|---|---|---|
| He | didn't | have | an eraser | .

❹ 그녀는 학교에 갔니?

| she | to school | go | Did |
|---|---|---|---|
| Did | she | go | to school | ?

❺ 그들은 배구를 했니?

| Did | volleyball | play | they |
|---|---|---|---|
| Did | they | play | volleyball | ?

❻ 나는 TV를 보지 않았다.

| TV | I | watch | did not |
|---|---|---|---|
| I | did not | watch | TV | .

**1** 그림을 보고 빈칸에 알맞은 말을 쓰세요.

①   There is  a vase on the table.
탁자 위에 꽃병이 있다.

②   There are two books on the desk.
책상 위에 책 두 권이 있다.

③   There are many caps in the store.
가게에 많은 모자들이 있다.

④   There is  a cat under the chair.
의자 아래에 고양이가 있다.

⑤   There are three boys in the gym.
체육관 안에 소년 세 명이 있다.

⑥   There is  a pencil on the desk.
책상 위에 연필이 있다.

**2** 알맞은 것을 골라 문장을 완성하세요.

① There  is /(are) many stars in the sky. 하늘에 많은 별들이 있다.

② There (is)/ are  a bag in my room. 내 방에 가방이 있다.

③ There  is /(are) birds on the tree. 나무 위에 새들이 있다.

④ There (is)/ are  a wolf in the forest. 숲에 늑대가 있다.

⑤ There  is /(are) two pens on the desk. 책상 위에 펜 두 개가 있다.

⑥ There (is)/ are  some water in the cup. 컵에 물이 조금 있다.

⑦ There (is)/ are  a house on the hill. 언덕 위에 집이 있다.

⑧ There  is /(are) many countries in the world.
세계에는 많은 나라들이 있다.

38                                                                      Chapter 4  Unit 1   39

---

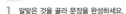

**1** 알맞은 것을 골라 문장을 완성하세요.

① There (isn't)/ aren't  a banana on the table.
식탁 위에 바나나가 없다.

② There  isn't /(aren't) any people in the park.
공원에 사람들이 전혀 없다.

③ There (isn't)/ aren't  any milk in the cup.
컵에 우유가 전혀 없다.

④ There (isn't)/ aren't  a map on the wall.
벽에 지도가 없다.

⑤ There  isn't /(aren't) any tigers in the zoo.
동물원에 호랑이들이 전혀 없다.

⑥ There  isn't /(aren't) any leaves on the tree.
나무에 나뭇잎들이 전혀 없다.

⑦ There (isn't)/ aren't  a doll on the chair.
의자 위에 인형이 없다.

⑧ There  isn't /(aren't) any cups in the kitchen.
부엌에 컵들이 전혀 없다.

**2** 주어진 문장을 의문문으로 바꿔 쓰세요.

① There is a dog on the sofa. 소파 위에 개가 있다.
→ ___Is there___ a dog on the sofa?

② There is an egg in the basket. 바구니에 달걀이 있다.
→ ___Is there___ an egg in the basket?

③ There are parks in the town. 동네에 공원들이 있다.
→ ___Are there___ any parks in the town?

④ There is a book on the chair. 의자 위에 책이 있다.
→ ___Is there___ a book on the chair?

⑤ There are koalas in Australia. 호주에 코알라가 있다.
→ ___Are there___ koalas in Australia?

⑥ There are pictures on the wall. 벽에 그림들이 있다.
→ ___Are there___ any pictures on the wall?

⑦ There is a singer on the stage. 무대 위에 가수가 있다.
→ ___Is there___ a singer on the stage?

⑧ There are pandas in the zoo. 동물원에 판다들이 있다.
→ ___Are there___ any pandas in the zoo?

40                                                                      Chapter 4  Unit 2   41

**Workbook** 정답과 해설   **89**

# BASIC 2 Workbook 정답과 해설

BASIC 2 Workbook 정답과 해설

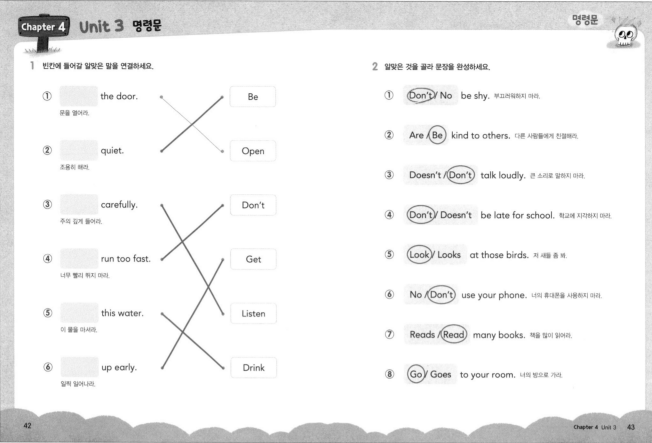

**Chapter 4** Unit 3 명령문 　　　　　　　　　　　　　　　　　명령문

**1** 빈칸에 들어갈 알맞은 말을 연결하세요.

① ___ the door. 　　　　　Be
　 문을 열어라.

② ___ quiet. 　　　　　　　Open
　 조용히 해라.

③ ___ carefully. 　　　　　Don't
　 주의 깊게 들어라.

④ ___ run too fast. 　　　　Get
　 너무 빨리 뛰지 마라.

⑤ ___ this water. 　　　　　Listen
　 이 물을 마셔라.

⑥ ___ up early. 　　　　　　Drink
　 일찍 일어나라.

**2** 알맞은 것을 골라 문장을 완성하세요.

① (Don't) / No be shy. 부끄러워하지 마라.

② Are / (Be) kind to others. 다른 사람들에게 친절해라.

③ Doesn't / (Don't) talk loudly. 큰 소리로 말하지 마라.

④ (Don't) / Doesn't be late for school. 학교에 지각하지 마라.

⑤ (Look) / Looks at those birds. 저 새들 좀 봐.

⑥ No / (Don't) use your phone. 너의 휴대폰을 사용하지 마라.

⑦ Reads / (Read) many books. 책을 많이 읽어라.

⑧ (Go) / Goes to your room. 너의 방으로 가라.

42　　　　　　　　　　　　　　　　　　Chapter 4 Unit 3　43

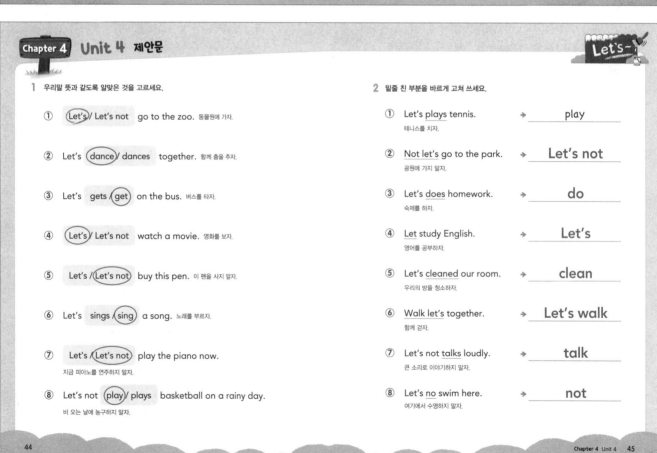

**Chapter 4** Unit 4 제안문 　　　　　　　　　　　　　　　　Let's~

**1** 우리말 뜻과 같도록 알맞은 것을 고르세요.

① (Let's) / Let's not go to the zoo. 동물원에 가자.

② Let's (dance) / dances together. 함께 춤을 추자.

③ Let's gets / (get) on the bus. 버스를 타자.

④ (Let's) / Let's not watch a movie. 영화를 보자.

⑤ Let's / (Let's not) buy this pen. 이 펜을 사지 말자.

⑥ Let's sings / (sing) a song. 노래를 부르자.

⑦ Let's / (Let's not) play the piano now. 지금 피아노를 연주하지 말자.

⑧ Let's not (play) / plays basketball on a rainy day. 비 오는 날에 농구하지 말자.

**2** 밑줄 친 부분을 바르게 고쳐 쓰세요.

① Let's plays tennis. → play
　 테니스를 치자.

② Not let's go to the park. → Let's not
　 공원에 가지 말자.

③ Let's does homework. → do
　 숙제를 하자.

④ Let study English. → Let's
　 영어를 공부하자.

⑤ Let's cleaned our room. → clean
　 우리의 방을 청소하자.

⑥ Walk let's together. → Let's walk
　 함께 걷자.

⑦ Let's not talks loudly. → talk
　 큰 소리로 이야기하지 말자.

⑧ Let's no swim here. → not
　 여기에서 수영하지 말자.

44　　　　　　　　　　　　　　　　　　Chapter 4 Unit 4　45

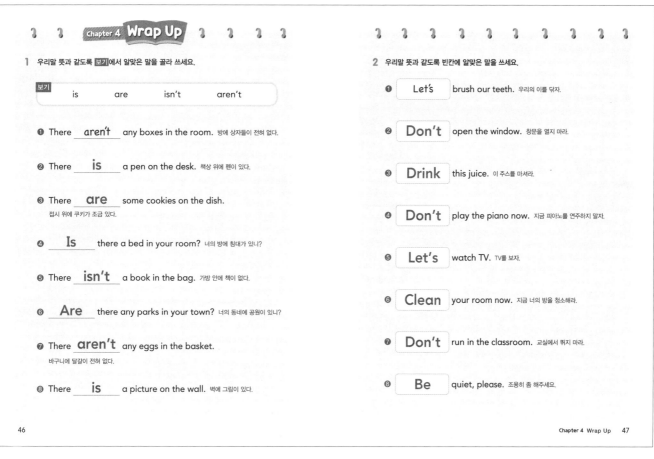

## Chapter 4 Wrap Up

**1** 우리말 뜻과 같도록 보기에서 알맞은 말을 골라 쓰세요.

보기    is    are    isn't    aren't

❶ There **aren't** any boxes in the room. 방에 상자들이 전혀 없다.

❷ There **is** a pen on the desk. 책상 위에 펜이 있다.

❸ There **are** some cookies on the dish.
접시 위에 쿠키가 조금 있다.

❹ **Is** there a bed in your room? 너의 방에 침대가 있니?

❺ There **isn't** a book in the bag. 가방 안에 책이 없다.

❻ **Are** there any parks in your town? 너의 동네에 공원이 있니?

❼ There **aren't** any eggs in the basket.
바구니에 달걀이 전혀 없다.

❽ There **is** a picture on the wall. 벽에 그림이 있다.

46

**2** 우리말 뜻과 같도록 빈칸에 알맞은 말을 쓰세요.

❶ **Let's** brush our teeth. 우리의 이를 닦자.

❷ **Don't** open the window. 창문을 열지 마라.

❸ **Drink** this juice. 이 주스를 마셔라.

❹ **Don't** play the piano now. 지금 피아노를 연주하지 말자.

❺ **Let's** watch TV. TV를 보자.

❻ **Clean** your room now. 지금 너의 방을 청소해라.

❼ **Don't** run in the classroom. 교실에서 뛰지 마라.

❽ **Be** quiet, please. 조용히 좀 해주세요.

Chapter 4 Wrap Up    47

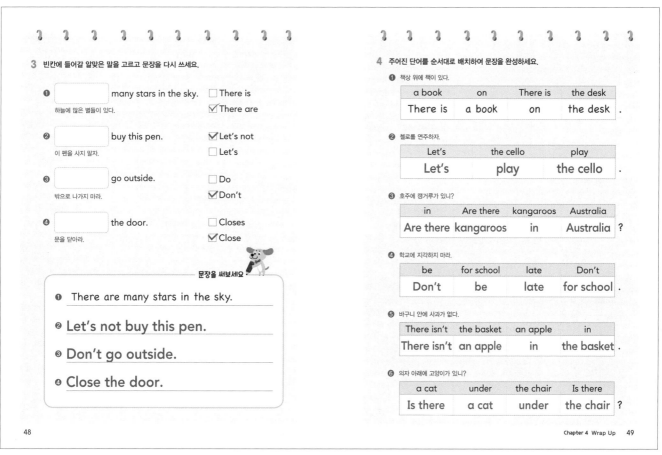

**3** 빈칸에 들어갈 알맞은 말을 고르고 문장을 다시 쓰세요.

❶ _____ many stars in the sky.
하늘에 많은 별들이 있다.
☐ There is
☑ There are

❷ _____ buy this pen.
이 펜을 사지 말자.
☑ Let's not
☐ Let's

❸ _____ go outside.
밖으로 나가지 마라.
☐ Do
☑ Don't

❹ _____ the door.
문을 닫아라.
☐ Closes
☑ Close

문장을 써보세요

❶ There are many stars in the sky.

❷ Let's not buy this pen.

❸ Don't go outside.

❹ Close the door.

48

**4** 주어진 단어를 순서대로 배치하여 문장을 완성하세요.

❶ 책상 위에 책이 있다.

| a book | on | There is | the desk |
|---|---|---|---|
| There is | a book | on | the desk . |

❷ 첼로를 연주하자.

| Let's | the cello | play |
|---|---|---|
| Let's | play | the cello . |

❸ 호주에 캥거루가 있니?

| in | Are there | kangaroos | Australia |
|---|---|---|---|
| Are there | kangaroos | in | Australia ? |

❹ 학교에 지각하지 마라.

| be | for school | late | Don't |
|---|---|---|---|
| Don't | be | late | for school . |

❺ 바구니 안에 사과가 없다.

| There isn't | the basket | an apple | in |
|---|---|---|---|
| There isn't | an apple | in | the basket . |

❻ 의자 아래에 고양이가 있니?

| a cat | under | the chair | Is there |
|---|---|---|---|
| Is there | a cat | under | the chair ? |

Chapter 4 Wrap Up    49

**Workbook** 정답과 해설    **91**